노자 老子 마케팅

노자 마케팅

1판 1쇄 발행 2017년 10월 10일
1판 9쇄 발행 2024년 5월 14일

지은이 이용찬
발행인 유성권
펴낸곳 ㈜이퍼블릭

출판등록 1970년 7월 28일, 제1-170호
주소 서울시 양천구 목동서로 211 범문빌딩 (07995)
대표전화 02-2653-5131 | **팩시밀리** 02-2653-2455
www.milestonebook.com

마일스톤 Milestone 은 ㈜이퍼블릭의 비즈니스/자기계발서 브랜드입니다.

도덕경으로 배우는
새로운 생각법

노 老子 자
마케팅

차별화하지 말고
스스로 존재하라

이용찬 지음

마일스톤

《도덕경》으로 마케팅을 해석한
최초의 책!

2,500년 전, 고대 중국에서 지어진《도덕경》이 과연 오늘날의 마케팅 현상을 제대로 설명할 수 있을까요?

제가 가장 좋아하는 마케팅 논문은 홀부르크(Morris B. Holbrook)와 그레이슨(Mark W. Grayson) 교수가 쓴 '영화 아웃 오브 아프리카의 상징적 소비자 행동*The Semiology of Cinematic Consumption: Symbolic Consumer Behavior in Out of Africa*'(Journal of Consumer Research, 1986)입니다. '아웃 오브 아프리카'는 제가 감명 깊게 본 영화인데요. 마케팅과 아무 상관도 없어 보이는 이 영화에서 소비자 행동의 본질을 뽑아낸 저자의 통찰력에 감탄했기 때문이지요.

그런데 이용찬 대표가 어느 날 노자의《도덕경》과 브랜딩을 연결해 이야기하기 시작했습니다. 그건 둘 사이의 핵심을 통찰하는 자만이 가능한 능력이겠지요.《도덕경》과 마케팅을 연결하는 이 책이 나오게 된 뒷얘기와 저자인 이용찬 대표와 저의 인연에 관해 말씀드리려 합니다.

그를 처음 만난 건 9년 전 어느 회사의 자문회의에서입니다. 세간에서 이용찬 대표의 명성을 들은 바는 오래 되었으나 직접 만나보니, 과연 길지 않은 대화에서도 번뜩이는 예기(銳氣)가 느껴졌습니다. 학계가 아닌 업계에서 쌓은 경험과 노하우를 듣다 보니, 혼자만 듣기엔 너무 아깝다는 생각이 들었습니다. 우리 학생들에게 전해주고 싶다는 욕심이 생긴 것이죠.

그의 스케줄이 매우 바쁘다는 것을 잘 알고 있는 터라 며칠을 망설이다가 조심스럽게 물었습니다. 우리 학교에서 한 학기 동안만 강의해 줄 수 있겠냐고 말입니다. 그런데 후학을 가르치는 일이라면 무엇보다 먼저 할 일이라며 흔쾌히 승낙해 주었습니다.

2009년 봄에 시작한 이용찬 대표의 강의는 내용이 재미있고 유익해, 첫날부터 학생들도 큰 흥미를 보이며 열성적으로 수업에 임하더군요. 한 달이 채 되지 않아 급기야는 오후 3시간 수업을 마치고도 매주 학교 앞 치킨집에서 맥주를 곁들여 토론과 학습을 밤늦게 이어갔습니다. 그런데 배움에 대한 학생들의 열망이 그것만으로도 성에 안 차, 방학에 2박 3일로 강원도에 가서 워크숍까지 했습니다. 모든 비용은 이용찬 대표가 냈지요. 저도 어지간히 바빠 사는 사람이지만, 참으로 배울 것이 많아 지각 한 번 없이 방과 후 수업을 포함한 모든 수업에 참여하였습니다.

당시 주된 초점은 '고정관념'이었습니다. 브랜딩은 결국 소비자가 기존 브랜드에 대해 가지고 있는 고정관념을 흔들어, 새로운 개념을 심어주는 과정이라고 간주하며 각종 사례와 실습을 곁들여 매번 생생한 강의 현장으로 만들어나갔습니다. 이 대표가 열정적으로 가르쳐 주었지만, 한 학기 수업으로 이 대표의 노하우를 털어놓기에는 턱없이 부족하다 싶어, 한 학기 강의를 더 해달라고 간곡히 요청했습니다.

가을학기의 주된 주제는 '프레젠테이션'이었습니다. 프레젠테이션은 소비자에게 전하는 광고나 마케팅 아이디어를 내보내기 전에 우선 광고주를 설득시켜야 할 때 필수적입니다. 예전에 광고 종사자들 사이에서 이용찬 대표의 프레젠테이션 녹화 테이프는 복사해서 돌려보는 교과서 같이 여겨질 정도였습니다. 그것을 이 대표가 학생들에게 실습을 겸하며 아주 상세히 지도해 준 것입니다. 저는 그 내용이 우리

학생에게만 전수되는 것이 아까워, 책을 쓰도록 권했습니다. 그래서 원고를 완성했는데 완벽에 대한 결벽증이 강한 이 대표가 아깝게도 그 원고를 사장시키고 말았습니다.

이후에는 이 대표가 너무 바빠 강의를 한동안 쉬었는데 다시 한번 2016년 가을학기 강의를 부탁했습니다. 마지막 강의를 한 지 여러 해가 지났지만 이미 전설처럼 정평이 나 있던 수업인지라 60명 정원이 단번에 차고 말았습니다. 이번 학기의 주된 주제는《도덕경》이었습니다. 저는 그동안도 가끔 도덕경 얘기를 하기에 그런가 보다 했는데, 이걸로 한 학기 수업을 이끌고 나갈지는 몰랐습니다.

그런데 막상 수업을 듣고 보니 이 대표가 여태까지 본인이 했던 일들을《도덕경》으로 해설해 설명하는데, 짜임새에 일관성이 있고 배우는 바가 정말 많았습니다. 이것은 정녕 책으로 엮어 널리 알리지 않으면 안 되는 내용이라 생각되어 집필을 강요하다시피 했습니다. 이 대표는 워낙 철저한 사람이라서 예전부터 모든 강의 내용을 문장 하나까지 미리 손수 타이핑을 쳐서 수업시간에 들고 옵니다. 그것을 엮으면 그대로 책이 될 것을, 이 대표는 이 내용을 처음 접하는 독자들이 생소한 느낌이 들지 않도록 새로 편집하여, 이 책을 완성했습니다. 이 책에는 지난 3학기, 1년 반 동안 배운 내용이 엑기스로(진액으로) 다 녹아 있습니다.

이 대표의 모든 수업을 참관한 사람으로서, 그리고 경영학 교수로서 이 책을 제대로 활용하는 법을 몇 가지 말씀드리고 싶습니다.

이 책은 《도덕경》의 내용을 가져오기도 했지만, 광고에서 브랜딩까지 포괄해서 적용하고 있습니다. 브랜딩이 더 이상 마케팅 부서의 전유물이 아닌 것처럼, 마케팅은 어느 한 부서만의 일이 아니며 전사적으로 움직여 줘야 성공하는 일입니다. 그렇다면 이 책은 기업의 한 구성원이라면, 또한 언젠가는 자신만의 브랜드를 만들 꿈을 꾸고 있는 사람이라면 반드시 읽어야 할 필독서가 되겠죠.

이 책을 읽을 때는 본인이 당면한 과제를 한두 가지 떠올리며, 내용의 전개에 따라 그 과제를 풀어나가 보기 바랍니다. 이 책이 설명을 아주 친절하게 했기 때문에 마치 매뉴얼 책처럼 그대로 대입시키며 따라가기만 해도 전혀 다른 각도에서 답을 구할 수 있을 것입니다. 한 번 연습하고 나면, 계속해서 더 다양한 부분에 응용력이 생기고 창의력이 붙을 것이며 그렇게 이 책의 묘미에 더욱 빠져들 것입니다.

어릴 때 무작정 구구단을 외웠던 기억이 나십니까? 구구단을 외워야 산수를 빠르게 잘 할 수 있듯이, 이 책에 제시된 《도덕경》 원문을 몇 개 암기해 둔다면 적시에 쓸모가 생길 것입니다. 이 책을 공부하다 보면 有名萬物之母, 同出而

異名, 不爭而善勝, 天下皆知美之爲美, 自見者不明, 虛其心 實其腹…… 등 말 한 마디 한 마디가 가슴 설레게 다가올 날이 있을 것입니다. 특히 본문 사이사이에 강조해서 표시한 중요 구문은 반드시 암기하시기 바랍니다.

어떤 마케터들은 무조건 최신의 사례만을 중시하는 경향이 있습니다. 남들이 잘 모르는 최신 사례를 예로 들어 모방하면 트렌드에 걸맞게 쉽게 성공할 수 있으리라는 심리 때문일까요? 하지만 최신의 성공 사례를 아무리 똑같이 흉내 냈다 해도, 그것은 생명력 없는 조화를 만드는 일입니다. 얼마나 새로운지 따질 일이 아니고 그 사례가 나에게 어떤 메시지를 주는가, 나의 사고 과정에 어떤 핵 펀치를 날리는가, 내가 그런 멋진 사고를 하려면 어떻게 해야 하는가 연구해야 할 일입니다. 이 책에서는 이 대표가 평생 쌓아온 고심의 과정을 낱낱이 설명하고 있습니다. 새로운 제품의 사례가 아닐지라도, 깊이 들여다보면 시대를 관통하는 통찰력을 배울 수 있는 예시들이 곳곳에 포진해 있으니 그것을 어떻게 활용할지는 책을 보는 여러분의 손에 달려 있습니다.

가장 놀라운 점은 《도덕경》으로 보는 마케팅이 우리가 익숙하게 여기는 서양식 마케팅의 관점을 뒤바꾸고 있다는 점입니다. 《도덕경》은 '싸우지 말라(不爭)'고 강조합니다. 이 말은 싸움을 피하라는 말이 아니라 대놓고 싸우지 않고 상생하는 지혜를 말합니다. 서양식 마케팅은 더 강하고 더 크고 더 빠른 제품임을 강조하며 싸워 이기려는 것이 기본 철학입니다. 이는 하수의 전략입니다. 궁금하면 본문을 잘 읽어보시기 바랍니다.

이 대표의 강의가 특히 좋았던 점은 단순히 지식을 전달하는 데 그치는 게 아니라 학생들에게 삶의 지침을 마련해 주었다는 점입니다. 이 책을 그저 평범하고 단순한 광고·마케팅 책으로 보지 마시고, 삶을 어떻게 살아나가야 할 것인지 알려주는 지침서로서 잘 새겨 읽으시기를 슬며시 권해봅니다.

바흐의 작곡들은 1750년 그의 사망 후에 시대에 뒤떨어진 음악으로 치부되어 잊혀져가고 있었습니다. 백년이 지난 후, 1829년에 멘델스존이 그의 악보 하나를 찾아내 연주하면서 해묵은 악보가 빛을 보게 되었다는 것은 널리 알려진 사실입니다. 《도덕경》의 첫 장은 이름(名)으로 시작합니다. 말하자면 브랜드와 그 콘셉트에 대한 정의부터 시작하는 셈이지요. 본질에 접근하는 방법이 5천 자로 이루어진 《도덕경》에 온전히 녹아 있음을 발견하고, 현대 마케팅의 원리로 재해석한 이용찬 대표의 혜안이 놀랍습니다.

강의의 내용을 책으로 꾸며 보라고 은근히 찔러댄 데는 그 내용을 저 자신이 복습하고 익히고 싶은 이기심이 작용

했을지도 모릅니다. 저도 마케팅 책이라면 대부분 훑는 식으로라도 읽어 보면서 연구도 많이 했지만, 《도덕경》으로 정리된 이 책만큼 일목요연하고 실용적으로 도움이 되는 내용은 본 적이 없습니다. 여러분도 이 책을 통해 깊은 통찰력과 단순 지식을 넘어선 지혜를 얻으시길 바랍니다.

결실의 계절을 앞두고, 오랫동안 기다리던 책이 열매 맺는 순간을 설레는 마음으로 기다립니다.

2017년 가을의 초입에서
한양대 경영대학 명예교수 홍성태

말에는 근원이 있고
일에는 중심이 있다

광고, 마케팅.

30여 년을 이 두 가지 이름(名)을 붙들고 살아왔다. 그러나 여전히 이름만 얘기하고 있을 뿐 그 본래의 의미(常名)를 아직도 나는 잘 모른다. 그런데 그동안 내가 이름만 되뇌고 있었다는 것을 일깨워준 책이 있다. 그것은 바로 노자의《도덕경》이다.

어릴 적 서당에서 만났던《도덕경》을 나이 들어 다시 잡은 건 그야말로 축복이었다.《도덕경》으로 광고와 마케팅을 다시 공부하게 된 것이다. 나에게《도덕경》은 철학서나 사상서가 아니라 광고와 마케팅 교과서였다.

한참 노자의 가르침을 받고 있는 중에 한양대학교 홍성태 교수님의 강의 요청을 받았다. 경영학부 대학생들에게 마케팅 관련 강의를 해줄 수 있냐는 부탁이었다.

한참을 망설였다. 학생들에게 무슨 얘기를 해줘야 하나? 나에겐 두 가지 선택지가 있었다. 기존의 마케팅 이론에 맞춘 그렇고 그런 강의안을 사용하는 것과 아직은 완성이 안 됐지만《도덕경》으로 해석한 광고와 마케팅 이야기가 그것이었다.

'그래, 이번에 온전히 노자의《도덕경》만으로 마케팅 강의를 해보자.'

매우 무모한 결정이었다. 강의안은 아직 완성도 되지 않은 상태였다. 많은 우여곡절이 있었지만 결론부터 얘기하면 2016년 9월부터 16주 동안 노자의《도덕경》으로 광고·마케팅을 강의했고, 결과는 기대 이상이었다. 나도 행복했고 대다수의 학생들도 행복해했다. 학생들이 행복했는지 어떻게 아느냐고? 다음과 같은 메일을 수십 통 받았기 때문이다.

안녕하십니까? 이용찬 교수님.
저는 광고판촉론 수업을 통해 한 학기 동안 교수님과 함께한 경영학부 4학년 정강주라고 합니다.

학기 중에도 몇 번 감사 메일을 드리고 싶었으나, 학기가 진행 중이라 몇 번 그런 마음을 꾹꾹 눌러 담았습니다. 그리고 학기가 완전히 종료된 오늘에서야 홀가분한 마음으로 교수님께 메일을 드리게 되었습니다.

교수님, 먼저 진심으로 감사드립니다.

교수님의 수업을 접하기 전까지 저는 무의미하고 맹목적인 삶의 목표를 설정하고, 타인의 기준, 타인의 기대만을 의식하며 스스로를 괴롭히는 대학생활을 보내왔습니다. 제 대학생활의 유일한 목표는 남들보다 경쟁력 있는 상태로 졸업하는 것, 남들이 꿈꾸는 좋은 기업에 취직하는 것, 그 이상도 그 이하도 아니었습니다.

하지만, 교수님의 가르침 덕분에 저는 처음으로 저의 존재 이유에 대해 치열하게 고민할 수 있었습니다. 그리고 제 삶을 통해 이루어야 하는 진정 의미 있고 가치 있는 목표에 대해 고민할 수 있었습니다.

교수님, 물론 아직도 저는 많이 부족하고 불완전할 것입니다. 하지만 제가 새롭게 다짐한 마음가짐, 삶에 대한 태도를 잃지 않도록 항상 교수님과 함께한 한 학기를 기억하겠습니다. '조금이라도 일찍 교수님의 수업을 들었으면 얼마나 좋았을까?'라는 생각을 몇 번이나 한지 모릅니다. 그만큼 저에게는 다시는 없을 한 학기였습니다.

교수님께서 해주신 모든 말씀, 잠언처럼 지니고 살겠습

니다. 존경합니다.

- 정강주 드림

학생에게 이런 편지를 받고 행복해하지 않을 선생이 어디

있겠는가? 참으로 오랜만에 느껴보는 행복이었다. 그리고

이 행복은 선생으로서의 행복만이 아니었다. 오히려 제자로

서의 행복이 훨씬 컸다. 내가 스스로 노자의 제자가 되겠다

고 《도덕경》을 잡은 지가 십수 년이었으나 배움이 부족하여

감히 "제자입네"라는 소리를 못하고 있었다.

그런데 이번에 《도덕경》으로 강의를 해보니 이제는 감히

노자의 제자라고 밝혀도 부끄럽지 않을 정도가 된 듯해 그

게 제일 행복하다. 나는 지난 16주 동안 학생들에게 내 얘기

가 아니라 노자의 얘기를 전달해 주고자 노력했다. 만약 그

전처럼 내가 알고 있고 경험했던 것만이 옳은 것인 듯이 광

고 · 마케팅을 강의했더라면 이런 행복한 편지는 결코 받지

못했을 것이다.

"내가 보는 세상이 전부라는 생각을 버리면 비로소 밝음

을 보게 될 것이고, 내가 옳다는 아집을 버리면 오히려 남들

로부터 박수를 받아 빛나게 될 것이다**不自見故明**부자견고명

不自是故彰부자시고창)"라는 노자의 말씀(《도덕경》22장)이 그대로 현실이 된 것이다.

노자에게 한 경영자가 물었다.

"선생님, 경영의 도(道)가 무엇입니까?"

노자께서 대답하셨다.

"그대가 말하는 도가 어떤 도를 얘기하는지 내가 잘 모르겠다마는(道可道도가도)……."

이렇게 도라는 단어로 말문을 여신 후 대략 5천 자에 해당하는 말씀을 하시다가 마지막으로 하신 말씀이 "싸우지 않는 것이다!" 즉, 부쟁(不爭)이란 단어로 끝을 맺는다. 노자의 《도덕경》은 도(道)로 시작해서 부쟁(不爭)으로 끝난다. 현자의 말씀이 수미일관(首尾一貫)함을 생각해 본다면, 《도덕경》은 한마디로 "도(道)란 싸우지 않는 것이다"라고 정리할 수 있다.

싸우지 마라!

치열한 경쟁 상황에서 어떻게 이 난국을 돌파할 것인가 골머리를 앓고 있는 경영자에게 노자가 던지는 마지막 한마디는 그저 '싸우지 마라'다. 노자의 얘기를 다 듣고 난 경영자가 뭐라고 했을까?

"네, 선생님 말씀대로 하지요. 좋은 말씀 감사합니다."

이랬을까? 아니면,

"아니 도대체 무슨 말씀을 하시는 겁니까? 경쟁자들과 싸워서 이길 수 있는 방법이 무엇인지 여쭈었는데 싸우지 마라니요. 지금 당장 적의 칼이 목에 닿아 있는데 그걸 해결책이라고 말씀하시는 겁니까?"

이랬을까? 십중팔구 후자일 게다. 《도덕경》70장을 보면 노자도 이미 그런 투정을 수없이 들었던 것 같다.

"내 말이 참으로 알기 쉽고 행하기도 쉬운데, 사람들은 알아듣지도 못하고 행하지도 못하는구나(吾言甚易知오언심이지 甚易行심이행 天下莫能知천하막능지 莫能行막능행)."

만약 세상 사람들이 모두 노자의 말(言)을 알아듣고(知) 노자의 말대로 행(行)하고 노자의 말대로 기업과 나라를 경영(事)했으면 어찌 되었을까? 이 세상은 전쟁과 다툼이 사라지고 인간을 포함한 천하 만물이 모두 행복한 세상이 되었을 것이다. 이것이 노자가 꿈꿨던 무위자연(無爲自然)의 세상이다.

그렇다면 노자는 사람들이 알아듣지 못하고 행하지 못한다고 한탄만 했을까? 그럴 리가 있겠는가? 여기서 우리는 노자의 《도덕경》이 세상에 나온 이유를 가늠해 볼 수 있다. 《도덕경》은 노자께서 사람들에게 "말에는 근원이 있고 일에는 중심이 있다(言有宗언유종 事有君사유군)"는 말이 무엇인지 알게 해주려고 쓰신 책이다. 즉, 《도덕경》은 사람들의 말(言)

과 사람들이 벌이는 일(事)을 다룬 책이다.

"말이란 이런 것이니 이렇게 말하고, 일할 때는 이렇게 하면 다른 이들과 다툴 일이 없다."

"브랜드는 이런 것이니 이렇게 브랜딩하면 다른 브랜드들과 경쟁하지 않고도 고객의 신뢰를 얻고 오랫동안 장수하는 브랜드가 될 수 있다."

"기업은 이런 것이니 직원과 고객에게 이렇게 말하고 이렇게 경영하면 다른 회사들과 경쟁하지 않고도 좋은 회사로 성장할 수 있다."

쉽게 믿기지 않겠지만 《도덕경》엔 이런 이야기들로 가득 차 있다. 노자의 《도덕경》은 세상 어디에도 없는 매우 특별한 경영 전략, 마케팅 전략, 브랜딩 전략들이 담겨 있는 새로운 아이디어의 보고(寶庫)다. 그러나 노자의 《도덕경》에 이런 얘기들이 있다는 것을 아는 사람들은 많지 않은 것 같다. 노자의 말대로 사람들은 여전히 알아듣지 못한 채 《도덕경》을 읽고 있기 때문이다.

이 책은 《도덕경》으로 마케팅 강의를 했던 것을 토대로 출판을 위해 새롭게 재구성한 책이다. 16주 동안 지구의 한 모퉁이, 한양대학교 경영학부 강의실에서 벌어졌던 놀랍고 신비로운 일(事)이 이 책을 읽은 독자들에게도 이뤄지기를 기대해 본다.

마지막으로 이 책은《도덕경》의 주해서가 아님을 밝혀둔
다. 가급적이면 시중에 나와 있는 주해서들을 함께 읽어볼
것을 권한다.

– 이용찬

이름이 새로운 생각을 만든다

無名天地之始
有名萬物之母

세상 모든 만물은 이름에서부터 그 존재가 시작된다.

無名天地之始
有名萬物之母

《도덕경》 1장

천재처럼 생각하는 법

제 이야기를 시작하기 전에 한 가지 물어보겠습니다. 여러분들은 제게 어떤 기대를 갖고 계신가요? 광고가 뭔지, 어떻게 하면 광고를 잘 만들 수 있는지, 어떻게 마케팅을 하면 성공할 수 있는지, 이런 것에 대한 이야기를 듣기 기대하시나요?

혹시라도 그런 기대를 품고 있다면 실망하실지도 모르겠습니다. 미안하지만 저는 그런 이야기를 할 생각이 없습니다. 그런 이야기는 시중에 있는 마케팅 책들을 몇 권 사보면 대략 알 수 있습니다. 설마 남들이 하는 말, 책에 있는 것과 똑같은 이야기를 듣고 싶은 건 아니겠지요?

저는 이 세상 어떤 책에도 없는 이야기, 그중에서도 어떻게 새로운 생각을 할 것인가 하는 이야기를 하려고 합니다. 이것이 바로 이 책의 첫 번째 목표입니다. 저는 35년 동안 광고 일을 하고 있습니다. 그런데 클라이언트나 주변 사람들이 저를 만나면 한결같이 하는 질문이 하나 있습니다.

"뭐, 새로운 아이디어 없나요?"

자주 듣는 말이지만 이 질문을 들을 때마다 당황스럽습니다. 제가 무슨 아이디어 만드는 기계도 아닌데 갑자기 어디서 아이디어가 막 튀어 나오겠습니까? 물론 이런 이야기를 입 밖으로 꺼내본 적은 없습니다. 그래서 그런지 지금도 사람들은 저만 만나면 새로운 아이디어를 달라고 압박합니다.

왜 새로운 생각을 찾을까요? 새로운 생각을 안 하면 발전이 없기 때문입니다. 새로운 아이디어가 없으면 기업은 도태되지요. 지금 잘 되고 있는데 굳이 새로운 아이디어를 만들 필요는 없다고 하다가 망한 회사를 많이 알고 있습니다. 소니, 노키아, 모토로라……

그런데 인간은 새로운 생각을 하는 것을 좋아할까요, 싫어할까요?

싫어합니다. '인간은 인지적 구두쇠'라는 말이 있듯이 단순하고 간단하고 편한 걸 좋아하기 때문이지요. 회사 다니기 제일 싫을 때가 아이디어를 강요받을 때일 겁니다. 자, 여기에 기회가 있습니다. 다들 새로운 생각을 싫어하니까 내가, 우리 회사가 이걸 잘 할 수 있다면 진짜 경쟁력이 됩니다. 경쟁력이란 남보다 더 잘하는 게 아니라, 남이 못하는 것을 해내는 것입니다.

여러분은 평소에 아이디어가 마구 떠오르나요? 아마 그런 사람은 드물 겁니다. 그런데 매일, 언제나, 시도 때도 없이 새로운 생각, 남들과 다른 생각을 할 수 있는 사람이 있습니다. 누굴까요? 맞습니다. '천재'입니다. 천재가 어떻게 다른 생각을 하는지 방법을 배울 수 있다면 우리도 새로운 생각을 마음먹은 대로 할 수 있지 않을까요? 그래서 저는 혼자 아무도 몰래 천재에 대해 연구를 했습니다. 도대체 천재는 어떻게 아이디어를 내고 어떻게 새로운 생각들을 쏟아낼 수 있는지 조사해 본 것이지요.

꽤 오랫동안 조사해 본 결과 한 가지 결론을 내릴 수 있었습니다. 불행히도 저는 천재가 아닌 것이 확실했습니다. 왜냐하면 천재들은 대부분 20대에서 30대 초반에 일찍 죽었거든요. 모차르트 35세, 슈베르트 31세, 제가 좋아하는 철학자 파스칼은 39세, 천재 시인 이상은 26세였지요. 영화로도 만들어졌던 윤동주 시인 아시죠? 그가 죽은 나이는 29세였어요. 고흐 37세, 모딜리아니 36세, 김현식 32세, 김광석 35세, 천재 기타리스트 지미 핸드릭스는 27세에 죽었습니다.

그러니까 천재나 성인이나 훌륭한 분들은 대부분 단명한 겁니다. 그런데 저는 서른이 지나도 안 죽었고, 마흔이 지나도 멀쩡했고, 오십이 지났는데도 살아 있습니다. 그래서 '아, 나는 천재가 아닌가 보다!'라고 생각하며 포기했지요.

저는 틀림없이 천재가 아닙니다. 그럼 어떻게 하는 게 좋을까요? 천재가 아니니까 아이디어 내는 일을 그만둬야 할까요? 이런 생각을 하니까 두려움이 엄습하다가 그 와중에 한 가닥 희망의 빛이 보였습니다. 모든 천재가 단명했던 건 아니었거든요. 오래 산 천재들도 있다는 것을 알게 된 겁니다.

피카소 92세, 아인슈타인 76세, 발명왕 에디슨은 94세까지 살았습니다. 석가모니 80세, 공자는 72세까지 살았지요. 천재들을 조사하면서 한 가지 재미있는 사실을 알게 되었습니다.

"천재에는 두 가지 종류가 있다. 선천적 천재와 후천적 천재. 선천적 천재들은 단명하나 후천적 천재들은 장수한다."

선천적 천재들은 자신이 천재인지도 모른 채 그냥 새롭고 다른 생각들을 쏟아내며 살았던 사람들입니다. 주위로부터 미쳤다는 소리도 많이 들었습니다. 기존 관념에 익숙한 사람들의 눈에는 그들이 어떻게 보였을까요? 미친 것 같기도 하고, 때론 위험한 것처럼 보였을 겁니다. 이런 이유 때문에 사회로부터 격리 당한 천재들도 많았습니다. 그래서 선천적 천재들이 일찍 죽은 것이 아닌가 싶기도 하더군요.

어쨌든 이렇게 단명한 천재들을 살펴봐서는 그들이 어떻게 새로운 생각을 만드는지 그 과정을 찾기가 굉장히 어려웠습니다. 왜냐하면 그 사람들에게 그 일은 그냥 자연스러운 것이었으니까요. 예를 들어 모차르트에게 "넌 어떻게 이런 곡을 썼니?"라고 물어도 "그냥 썼어요."라는 대답이 나오니까 알 방법이 없는 것이지요.

그런데 오래 산 천재들의 전기 등을 살펴보면 힌트를 얻을 수 있는 이야기들이 조금씩 나옵니다. 후천적 천재들의 공통점은 어렸을 땐 전혀 천재가 아니었다는 겁니다. 오히려 보통 아이들보다 바보 같고 멍청하다는 소리를 들었던 사람도 있었습니다. 에디슨의 경우, 학교 수업을 따라가지 못해서 어머니에게 과외수업을 받곤 했습니다.

'아, 얘가 머리가 안 좋구나.'

심지어 어머니가 이런 생각을 할 정도로 에디슨은 둔재였습니다. 그러던 그가 어떻게 천재 소리를 듣게 되었을까요? 살면서 어느 순간 '아, 이렇게 하면 새로운 생각을 만들어낼 수 있구나!' 하고 깨달은 겁니다. 그리고 그 순간의 깨달음을 잊어버리지 않으려고 평생 동안 훈련을 했습니다. 이것이 중요합니다. 새로운 생각을 만들어내는 순간의 깨달음과 그 깨달음을 자신의 것으로 만들려는 부단한 노력 말입니다. 이것이 바로 후대 사람들이 그들을 천재라고 부르게 된 이유였습니다. 아인슈타인도 에디슨도 이렇게 천재가 된 것이지요.

에디슨이 이런 말을 했습니다.

"천재는 1퍼센트의 영감과 99퍼센트의 노력으로 만들어진다."

저는 이 말이 에디슨의 매우 솔직한 자기 고백이라고 생각합니다. 동시에 에디슨은 우리에게 이렇게 이야기했습니다.

"노력하면 누구나 후천적 천재가 될 수 있다!"

저는 누구나 후천적 천재가 될 수 있다고 믿는 사람입니다. 저도 그들처럼 어느 순간 새로운 생각을 만들어내는 방법을 알게 되었고, 그 방법을 제 것으로 만들기 위해 부단히 훈련했습니다. 그렇게 해서 만들어진 아이디어들이 지난 30여 년간 제가 참여했던 수많은 광고·마케팅 캠페인을 낳았습니다.

저는 여러분에게 어떻게 광고하면 브랜드가 성공하고, 어떻게 마케팅을 하면 제품이 잘 팔리는가 하는 이야기는 하지 않을 생각입니다. 그런 이야기는 그 순간에는 재미있을지 모르지만 여러분 인생에 도움이 되진 않을 테니까요. 그리고 사실 광고나 마케팅을 성공시키는 비법은 이 세상에 존재하지 않습니다. 그런 방법을 알고 있다고 주장하는 사람들은, 미안하지만 전부 사기꾼이라고 보면 됩니다.

어떤 브랜드든 그 브랜드는 세상에 하나밖에 없는 존재이고, 그 하나밖에 없는 존재가 세상과 교류하는 방법 또한 하나밖에 없습니다. 그렇기에 바로 그 존재 이유가 무엇인지 찾아야 하는 겁니다. 이 이야기는 나중에 차차 하기로 하고, 지금은 다른 이야기부터 하려고 합니다.

"어떻게 하면 새로운 생각, 다른 생각을 만들 수 있는가?"

제가 그동안 깨닫고 훈련한 '천재처럼 생각하는 법'을 공개하려고 합니다. 어떤가요? 광고는 이렇게 만들어야 한다는 얘기보다 더 흥미진진하지 않나요? 새로운 생각을 만드는 방법! 지금부터 시작하겠습니다.

이름으로 새로움을 만든다

무덥던 여름이 가면 가을이 옵니다. '가을' 하면 어떤 생각, 어떤 단어가 떠오르나요? 추석, 낙엽, 낭만, 이별, 남산, 하늘, 트렌치코트, 천고마비, 발라드, 독서……. 이것들은 모두 이름붙여진 것들입니다. 가을이 왜 독서의 계절로 불리게 됐는지 아시나요? 책 장사하는 분들에게 책이 제일 안 팔리는 때가 언제냐고 물으면 "가을"이라고 합니다.

"이 멋진 가을에 책 볼 시간이 있겠어요? 들로 산으로 놀러다니니까 책이 안 팔려요."

그래서 할 수 없이 계몽을 해야겠다 싶어서 '가을은 독서의 계절'이라는 캠페인을 시작하게 된 겁니다. 그 결과 여러분의 머릿속에 '가을?' 하면 '독서의 계절'이라는 생각이 자기도 모르게 자리잡게 되었지요.

이제 문제를 하나 내려고 합니다. 앞에서 나온 이름들을 절대 사용하지 말고 가을에 대한 시를 한 편 써보세요.

쉽지 않지요? 제가 여기에 있는 이름들을 사용하지 말라고 한 이유는 무엇이었을까요? 가을에 대해 새롭게 생각해 보라는 뜻입니다. 다시 말해 가을을 다르게 정의해 보라는 것입니다. 남들처럼 말하지 말고 나만의 아이디어를 내보라는 의도이기도 하고요. 10분 동안 한번 써볼까요?

이 작업이 아마 쉽지 않았을 겁니다. 머릿속에 앞에 나온 이름들 말고 가을에 대한 다른 생각들이 별로 잘 떠오르지 않지요? 어떤 사람이 가을에 대해 쓴 시를 소개하겠습니다.

누가 죽어 가나 보다

차마 다 감을 수 없는 눈

반만 뜬 채

이 저녁

누가 죽어 가는가 보다.

살을 저미는 이 세상 외로움 속에서

물같이 흘러간 그 나날 속에서

오직 한 사람의 이름을 부르면서

애 터지게 부르면서 살아온

그 누가 죽어 가는가 보다.

풀과 나무 그리고 산과 언덕

온 누리 위에 스며 번진

가을의 저 슬픈 눈을 보아라.

정녕코 오늘 저녁은

비길 수 없이 정한 목숨이 하나

어디로 물같이 흘러가 버리는가 보다.

김춘수 시인의 '가을 저녁'이라는 시입니다. 이 시 속에
우리가 이야기했던 이름들이 있나요? 전혀 없지요? 신기하
지 않나요? 이 시인은 가을 하면 일반적으로 떠오르는 단어
들, 이름들을 전혀 사용하지 않고 가을을 풀어냈습니다. 그
래서 이 시를 읽는 독자들은 이렇게 이야기합니다.

"아, 새롭다. 참신하다. 다르다. 어떻게 이런 생각을 할 수
있지? 내가 보지 못한 가을을 이 시인은 보고 있구나. 참 대
단하다."

김춘수 시인은 무엇으로 그 느낌을 만들어내고 있나요?

언어로, 이름으로 만들어내고 있습니다. 일반인이 보통 생각하는 가을에 대한 이름들을 사용하지 않고 다른 것을 사용해서 이 세상에서 하나밖에 없는 새로운 '가을 저녁'을 만들어내고 있는 겁니다. 이것이 바로 새롭고 남다른 생각을 만들어내는 방법입니다. 의외로 간단하지요? 이 방법은 시인들뿐만 아니라 후천적 천재들도 사용하는 비법입니다. 한 번도 만나지 않은 둘 이상의 이름을 만나게 하는 것, 후천적인 천재들이 발견한 새롭고 다른 생각을 하는 방법입니다.

세상 모든 발명은 이 원리로 이뤄졌어요. 자동차는 마차와 증기기관, 팩시밀리는 전화기와 복사기, 스마트폰은 무선전화기와 컴퓨터가 만난 것이지요. 제가 만든 광고도 사실상 한 번도 만나지 않은 단어를 찾아서 서로 만나게 한 것뿐이에요. 그게 대박을 친 것이지요. 오리온 초코파이 광고는 초코파이와 정, SK그룹 광고는 SK와 OK, 딤채 광고는 발효와 과학을 만나게 했어요.

이렇게 한 번도 만나지 않은 둘 이상의 이름을 만나게 해서 새롭고 다름을 만드는 능력이 창의력입니다. 여기에서 가장 주목해야 할 키워드는 '이름'인데, 이 말이 왜 중요한고 하니 '인간이 가진 가장 위대한 능력 중에 하나가 창의력이고 그 창의력이 이름에서 비롯된다'는 사실을 깨닫게 해주기 때문입니다. 이것이 노자가 얘기한 "말에는 근원이 있다(言有宗언유종)"입니다. 노자는 "이름 있음이 곧 만물의 모태(有名萬物之母유명만물지모)"라고 했습니다. 지금은 무슨 뜻인지 이해가 잘 안 되겠지만, 제 강의를 끝까지 들으면 알게 됩니다.

다시 '가을 저녁' 시로 돌아가 봅시다. 김춘수 시인은 어떻게 우리와 다른 이름들을 찾아내서 사용할 수 있었을까요? 제가 직접 시범을 한번 보이기로 하지요. 가을 하면 떠오르는 이름으로 추석, 낙엽, 낭만, 이별, 남산, 하늘, 트렌치코트, 천고마비, 발라드, 독서……가 있습니다. 여기에서 이름 찾기를 멈추지 말고 한 단계 더 들어가 봅시다. 이름 중에서 아무 이름이나 선택하는 겁니다. 예를 들어 낭만을 골라서 '낭만?' 하면 떠오르는 이름을 적어보는 겁니다.

낭만 : **낙엽, 애인, 데이트, 음악, 바다, 와인**……

낙엽이라는 이름이 또 나오는 걸 보니 '가을', '낭만', '낙엽'이라는 이름들은 거의 한 묶음으로 사용하고 있는 이름인 걸 알 수 있지요? 한 번 더 들어가 봅시다. '낙엽' 하면 무슨 이름이 떠오르나요? 죽음, 허물, 빨간색, 산불……. 자, 잘 보세요. 제가 어떻게 새로운 생각을 만들어내는지 말입니다. 낭만과 낙엽에서 나온 이름들을 이렇게 횡으로 마주보게 나

열해 보세요.

낭만　　　　낙엽

낙엽 ——————— 죽음
애인　　　　　　허물
데이트　　　　　빨간색
음악　　　　　　산불
바다
와인

이렇게 해놓고 마주보고 있는 이름들을 서로 연결시켜 말을 만들어 보는 겁니다. 음악과 죽음을 연결하면, 죽음의 음악? 죽음을 알리는 음악 소리? 이것을 가을이란 이름과 붙여볼까요?

"낙엽은 가을의 죽음을 알리는 음악 소리다."

마치 시인처럼 그럴 듯한 문장이 만들어지죠? 김춘수 시인의 시를 다시 떠올려보겠습니다. '이 저녁 누가 죽어 가나 보다'라는 시구가 어떻게 만들어졌는지 이제 짐작이 가시나요? 시인은 저녁에 떨어지는 낙엽을 보며 지금 우리가 한 것처럼 낙엽에서 죽음이라는 이름을 떠올리고 그 이름을 사용해서 가을 저녁에 대한 새로운 생각을 만들어낸 것입니다.

이번엔 바다와 빨간색을 연결해 봅시다. '바다가 빨갛다', 굉장히 섹시한 표현이죠? 이것 역시 평상시에 잘 안 쓰는 언어입니다. 새롭고 다른 생각이라는 얘기지요. 애인과 산불을 연결해 볼까요? 애인과 산불은 평소에 잘 안 만나는 이름들이지요. 이런 이름들이 만나면 머릿속에서 이상한 해프닝이 만들어집니다.

애인과 산불! 소설 하나 나올 것 같은 느낌이 들지 않나요? 새로운 생각들이 마구 생깁니다. 허물과 데이트? '데이트할 때마다 그녀의 허물이 하나씩 벗겨진다'고 하면 어떨까요? 재미있죠? 이렇게 하면 새로운 생각들이 아주 쉽게 툭툭 만들어집니다.

새로운 생각 = 단어 + 단어

여러분은 이제 새로운 생각을 만드는 공식을 알게 되었어요. 한 번도 만나지 않은 둘 이상의 이름을 만나게 하라! 제가 이 공식에 '생각발명기'라고 이름을 붙였습니다. 여러분도 공식을 머리에 넣으면 생각발명기가 장착되어 시도 때도 없이 새로운 생각을 만들 수 있어요. 물론 꾸준히 장시간 훈련해야 합니다. 에디슨의 말대로, 생각발명기 장착 1%에 99%의 부단한 훈련으로 누구나 천재처럼 생각할 수 있습니다.

새로운 생각을 쉽게 하는 법

천재처럼 새로운 생각을 하는 방법을 알려드렸지만 막상 해 보려면 잘 안 됩니다. 너무 간단해서 잘 믿기지가 않지요. 본래 모든 진리는 간단한 것인데 그 간단함 때문에 외면당합니다. 설마가 사람 잡는 꼴이지요. 자, 그럼 지금부터 새로운 생각을 만드는 법을 조금 더 자세하게 설명해 볼까 합니다. 부디 믿음을 가지고 들어보시길 바랍니다.

충격적인 사실 하나를 공개하려 합니다. 제가 지금까지 말한 새로운 생각을 만드는 법은 아주 옛날부터 우리나라에 있었습니다. 창의력 발상 교육은 우리 선조가 옛날부터 해왔던 교육법이었지요. 아이가 서당에 가서 처음 글을 배울 때, 새로운 생각을 만들어내는 창의력 교육을 받았습니다. 천자문을 떼고 시와 글을 쓰는 교육을 받을 때 이 방법이 사용되었지요. 훈장 선생님이 아이들에게 묻습니다.

"지금 계절이 뭐냐?"

"가을이요."

"그래, 가을이다."

큰 종이에 '秋(가을 추)'라고 써놓고 묻습니다.

"가을 하면 생각나는 게 뭐고?"

그리고 아이들이 대답하는 이름을 모두 적습니다. 그런 다음 엄한 목소리로 말하지요.

"내일까지 여기 나온 이름(名)을 절대로 사용하지 말고 가을에 대한 시를 한 수 써오너라. 안 써오면 회초리로 경을 칠 것이다."

훈장 선생님은 무슨 생각으로 이렇게 교육했을까요? 이렇게 이야기하면 아이들이 자연스럽게 남들과 다른 생각, 새로운 생각, 자신만의 생각을 할 수 있게 된다는 것을 알고 있었던 겁니다. 그래서 이 아이들이 커서 열서너 살이 되면 과거 시험도 보고, 과거에 급제하면 정부 관리가 되어 국정을 논했지요. 그런데 이 놀라운 교육 시스템이 일제강점기에 없어졌습니다.

일본의 위정자들이 가장 두려웠던 게 뭘까요? 조선 사람들의 창의력이었습니다. 종이 주인보다 더 뛰어난 창의력을 가지고 있다면 어찌 될까요? 주인과 종의 자리가 바뀝니다. 이건 삼척동자도 알 만한 상식이지요. 여러분이 일제의 위정자라면 어찌 하겠습니까? 종의 창의력을 그냥 내버려두겠습니까? 아니지요. 그래서 조선이 가지고 있던 창의적 교육 시스템을 없애버린 겁니다.

적당한 지식을 가르치되 생각하지 말고
질문하지 말고 그저 외우게만 하라!
잘 외우는 사람이 훌륭한 사람이 된다는
고정관념을 가지게 만들어라!
규칙을 잘 따르는 사람이 훌륭한 사람이
라는 사회적 고정관념을 만들어라!

이것이 30년 동안 일제가 자행했던 '식민 교육'이었습니다. 그래서 저는 여기에서 우리가 잊고 있었던 옛날식 교육 방법을 사용하고자 합니다. 한마디로 서당식 교육입니다. 제가 어릴 때 다녔던 서당의 기억을 최대한 살려보고자 합니다. 제 기억에 의하면, 서당에서 훈장 선생님께서 제게 가르친 것은 한자나 지식만이 아니라 새로운 생각을 만드는 방법이었습니다. 예를 들면, 훈장 선생님께서는 아이들을 앉혀

놓고 이렇게 글자를 가르칩니다.

〔人(인) 자를 쓰시고〕

이게 무슨 자냐?

그렇지, '사람 人(인)' 자다.

〔言(언) 자를 쓰시고〕

이 자는 무엇이냐?

그렇지, '말씀 言(언)' 자다.

이 두 글자를 합해서 이렇게 쓰면 무슨 자냐?

그렇지, '믿을 信(신)' 자다.

〔人(인). 言(언), 信(신), 글자를 하나씩 짚으시며〕

사람(人)이 말(言)을 하면 무엇이 되는고?

그렇지, 믿음(信)이다.

사람(人)의 말(言)은 반드시 어찌 해야 하는고?

그렇지, 믿을(信) 수 있어야 한다.

믿음(信)은 모름지기 사람(人)의 무엇에서 나오는고?

그렇지, 말(言)이다.

그러니 너희(人)는 말할(言) 때마다

무엇을 생각해야 하는고? 그렇다. 신(信)!

항상 이 신(信)자를 머릿속에 넣고 다녀야 한다.

알겠느냐?

재미있지요? 저는 어릴 때 한자를 이렇게 배웠습니다. 글자만 배운 게 아니라 생각하는 법을 배운 것이지요. 제가 훈장 선생님께 배운 방법으로 질문을 하나 던져보겠습니다. 인간은 왜 언어를 만들었을까요?

人(인) + 言(언) = 信(신)
인간이 언어를 만든 이유는 믿음을 만들기 위함이다.

어떤가요? 그럴듯한가요? 그럴듯한 답을 냈다고 여기서 생각을 멈추면 안 됩니다. 또 질문해야 합니다. 왜 하필 믿음(信)인가요? 그러면 이렇게 답할 수 있습니다. 사람 인(人)자를 보세요. 두 사람이 서로 비스듬히 기대어 있는 게 사람이지요. 어느 한 쪽이 없어지면 남은 사람은 홀로 서 있지 못하고 넘어지고 맙니다. 서로 받쳐줄 것이라는 믿음이 없으면 한시도 살 수 없는 게 사람입니다. 그러니 저 '사람 인(人)' 자에 근본적으로 믿음이 들어 있는 것이지요. 그리고 이 믿음을 끊임없이 서로 확인하기 위해서 인간은 말을 만들었습니다.

"걱정하지 마, 언제나 내가 네 곁에 있을게."

이 말을 믿고 두 사람은 서로에게 기대어 비스듬히 살아가는 겁니다. 이게 사람이고, 사람이 말을 만든 이유이자, 사람 사이에 믿음이 필요한 이유입니다. 왜 하필 믿음이냐는 질문에 대한 답이 되었나요? 이 답이 정답인지 아닌지 가릴 필요는 없습니다. 처음부터 정답이 있는 질문이 아니었으니까요.

그러나 여러분이 잊지 않았으면 하는 게 있습니다. 좋은 생각은 좋은 질문에서 나옵니다. 훌륭한 경영자는 좋은 질문을 하는 사람이지, 스스로 멋진 생각을 만들고 자신의 생각을 자랑하는 사람이 아닙니다. 그럼 좋은 질문이란 무엇일까요? 예를 들면 이런 질문입니다.

"노자는 《도덕경》을 왜 썼을까?"

《도덕경》을 읽으면서 여러분은 무슨 생각을 했나요? 노자가 이 책을 왜 썼을까? 하는 질문을 하면서 읽었나요? 아니면, 아이고 이게 무슨 말이야! 도무지 무슨 얘긴지 모르겠네 하면서 읽었나요? 《도덕경》은 참 어려운 책입니다. 저도 여전히 어려워요. 그런데 이게 왜 어려울까요? 그러고 보니 이건 좋은 질문이 아닌 것 같네요. 질문을 정확하게 다시 해봅시다.

"우리는 《도덕경》이 왜 어렵다고 생각할까요?"

'어려운 것'과 '어렵다고 생각하는 것'은 전혀 다릅니다. 뭐가 다른 걸까요? 하나는 실체고 하나는 인식입니다. 우리는 이 둘을 항상 혼동하며 살아갑니다. 그래서 노자가《도덕경》을 시작하면서 처음 한 말이 이겁니다.

"사람들마다 道(도) 道(도) 하는데 도대체 무슨 道(도)를 말하는 거냐? 내가 가만히 보니까 사람들이 말하는 道(도)가 저마다 다르고 내가 알고 있는 道(도)와도 다른 것이 분명하다. 왜 이런가 봤더니 사람들이 道(도)를 이름으로 부르기 때문이다."

"도를 말할 수 있다면 진정한 도가 아니다(道可道도가도 非常道비상도)."란 이런 뜻입니다. 제가 노자에게 직접 물어보지 않아서 장담할 수는 없지만《도덕경》의 내용도 人(인), 言(언), 信(신) 이 세 글자의 범위를 벗어나지 않고 있다고 봅니다. 여러분은《도덕경》에서 가장 중점적으로 다루고 있는 주제가 무엇이라고 알고 있나요? 도(道)? 무위(無爲)? 무위자연(無爲自然)? 덕(德)?

일반적으로 그렇게들 알고 말하지만 저는 이런 말들에 선뜻 동의하지 않습니다. 제가 보건대《도덕경》이 가장 중요하게 다루고 있는 주제는 쟁(爭)입니다. 다툼, 경쟁, 싸움, 전쟁을 뜻하는 쟁(爭). 물론 그냥 쟁(爭)이 아니라 부쟁(不爭)입니다. 노자는 끊임없이 벌어지는 전쟁 속에서 죽고 굶주리는 백성들의 고통을 보았습니다.

'백성들이 무슨 죄가 있다고 저렇게 비참하게 살아가야

한단 말인가? 저 전쟁의 고통에서 백성들을 구할 길(道)이 없을까?'

노자는 길을 찾기 위해 백성의 고통이 아니라 전쟁에 주목합니다. 대부분의 성현들은 백성들의 고통에 주목한 것과 다릅니다. 그들을 어떻게 직접 치유해 줄 수 있는지 길을 찾은 것이 아닙니다. 노자는 고통이 아닌 쟁(爭)에서 길을 찾습니다. 그리고 스스로에게 질문합니다.

"도대체 인간들은 왜 싸우는가?"

노자는 이 질문의 답을 어디에서 찾았을까요? 노자도 결국 人(인), 言(언), 信(신)에서 찾습니다. 그리고 부쟁(不爭), 싸움을 하지 않는 길을 완성합니다. 즉, 노자의 도(道)는 부쟁(不爭)의 도(道)입니다. 노자는 이 부쟁(不爭)의 도(道)로 왕들을 설득하려고 《도덕경》을 집필한 것입니다.

그 이름을 불러주기 전까지는

잠시 제 이야기를 하겠습니다. '이용찬, 광고'로 검색을 하면 저에 대한 기사나 글들이 꽤 많이 나옵니다. 그중에서 제일 낯 뜨거운 말이 '광고계의 살아 있는 전설' 운운하는 기사들입니다. 광고가 뭔지도 잘 모르는 저보고 살아 있는 전설이라니, 이런 걸 가리켜 허명(虛名)이라고 하지요. 살아 있는 전설은커녕 이런 이야기를 들을 때마다 참으로 부끄럽고 암담한 심정입니다.

솔직히 저는 광고가 무엇인지 잘 모릅니다. 지난 35년 동안 광고 일을 한 것은 분명한데 광고가 뭔지 여전히 잘 모르겠단 말이지요. 그런데 아이러니하게도 사람들은 그렇게 생각하지 않는 것 같습니다.

그렇다면 제가 지난 35년 동안 해온 일이 무엇일까요? 사람들은 저보고 광고를 한다고 했지만, 제가 보기엔 광고를 한 게 아닌 것 같습니다. 제가 주로 했던 일들을 쭉 되짚어 보니까 제품이 세상에 존재하도록 도와주는 일을 하고 있었던 것 같습니다. 제품이 세상에 존재하려면 제일 먼저 무엇이 필요할까요? 이름이 있어야 존재합니다. 이름이 없어도 존재할 수는 있지만 적어도 사람들의 인식에는 존재하지 않습니다. 그러니까 존재하기 위해 가장 필요한 게 뭘까요? 이름이 있어야 합니다. 이름!

세상 모든 만물은
이름에서부터 그 존재가 시작된다.

無名天地之始 有名萬物之母

이 엄청난 깨달음은 물론 제가 한 말이 아니고 노자가 한 말입니다. 무려 2,500년 전에 말입니다. 이름은 세상 모든 만물을 존재하게 하는 모태입니다. 그럼 이름이 없으면 어떻게 될까요? 아무것도 없는 걸까요? 그렇지는 않습니다.

이름이 없어도 무언가 있을 겁니다. 그것을 노자는 세상 만물의 시작으로 보았습니다. 2,500년 전에 노자가 주목한 것은 바로 이것입니다.

"이 세상 만물의 이름은 도대체 누가, 왜, 어떻게 붙인 것인가?"

세상 만물의 이름은 누가 붙였을까요? 바로 인간입니다. 왜 인간을 만물의 영장이라고 하냐면 인간이 모든 것에 이름을 붙였기 때문입니다. 무엇에 이름을 붙이는 행위는 그것의 주인이라는 의미가 있습니다.

그런데 '도대체 이름을 어떻게 붙였을까?'라는 질문이 재미있지 않나요? 여러분은 어떤 것에 이름을 붙여본 적이 있나요? 그런 경험이 많지는 않을 겁니다. 이름을 붙이기보다 남들이 붙인 이름을 외우느라 고생하고 있을 테지요.

이름을 붙이는 일은 생각보다 어려운 일입니다. 예를 들어 책상을 한번 떠올려 봅시다. '책상'이라는 이름이 없다고 생각해 보세요. 그리고 책상에 책상이 아닌 다른 이름을 붙여보세요. 금방 생각이 나나요? 한참을 생각해도 적당한 이름이 생각나지 않고, 이름 붙이는 게 얼마나 어려운 일인지 느낌이 올 겁니다. 그런데 이 어려운 일을 우리 선조들이 한 것입니다. 어떤 교육을 받았는지 모르겠지만, 아주 오래 전부터 세상 만물에 이름을 붙였다는 사실이 정말 경탄스럽습니다. 저는 그런 생각을 할 때마다 그분들께 저절로 존경의 마음이 샘솟습니다.

그러면 이름이 있어서 세상 만물이 존재한다는 건 어떤 의미일까요? 이름이 없다면 어떤 일이 생길까요? 책상에 '책상'이라는 이름이 없다면 어떻게 될까요? 책상이란 이름이 없다면 그 용도도 없어지겠지요. '이게 뭐야? 이런 게 여기 왜 있어?' 할 겁니다. 용도를 알 수 없는 물건이 자리를 차지하고 있으면 어떻게 하나요? 치워 버립니다. 의자라는 이름이 없다면요? 의자도 치워야지요.

만약 자신에게 이름이 없다면 어떻게 될지 생각해 본 적 있나요? 아마도 우리는 존재하지 않을 겁니다. 이렇듯 세상 만물이 시공간에 존재하려면 이름이 있어야 합니다. 제품도 기업도 마찬가지입니다. 이름이야말로 존재 이유이기 때문입니다.

앞에서 이름이 존재 이유라는 이야기를 했습니다. 그 존재 이유를 아무렇게나 지어도 될까요? 당연히 안 되겠지요. 회사 이름이든 브랜드 이름이든 그냥 뚝딱 만들면 안 됩니다. 브랜드도 이름이고 회사명도 이름입니다. 브랜드와 회사 이름을 짓는 것은 곧 존재를 만드는 일입니다.

존재를 만드는 것. 참으로 위대하고 숭고한 일입니다. 잘되는 회사, 잘나가는 브랜드는 이유가 있습니다. 회사 이름에 창업 이념, 미래의 비전, 경영 전략, 핵심 경쟁력이 다 들어가 있어요. 세상에 하나밖에 없는 존재 이유를 갖고 있지요.

스스로 질문해 보세요.

"나는 누구인가?"

"나는 왜 존재하는가?"

"저렇게 많은 행성 중에 나는 왜 이 지구라는 별에 존재하는가?"

이런 질문에 금방 답을 못하는 게 말이 된다고 생각하나요? 살아서 걸어다니고, 끼니마다 밥을 먹고, 이렇게 엄연히 존재하고 있는데, 왜 존재하는지 이유를 모른다면, 그냥 되는 대로 사는 겁니다. 웃을 일이 아닙니다. 저는 지금까지 그렇게 사는 사람을 참 많이 봐 왔습니다.

회사도 마찬가지입니다.

"회사를 왜 만드셨나요?"

"이 회사가 왜 존재해야 하나요?"

"이 브랜드는 왜 만들었나요?"

"이 브랜드를 고객이 왜 반드시 사야 하나요?"

"비슷한 게 많은데 이 브랜드가 왜 꼭 존재해야 하나요?"

대표님들, 마케팅 책임자, 광고 담당자들에게 이런 질문을 하면 대답하기는커녕 왜 그런 쓸데없는 질문을 하냐고 인상을 찌푸리는 경우가 많습니다. 이런 질문에 즉답을 못하는 기업이나 브랜드는 어떻게 되었을까요? 결과는 상상에 맡기겠습니다. 그리고 진심으로 권합니다. 여러분도 스스로 '나는 왜 존재하는가?' 하고 질문해 보세요.

나는
누구인가

잘되는 회사, 잘나가는 브랜드는 이유가 있다.
세상에 하나밖에 없는 존재 이유를 갖고 있다.
조만간 차별화 같은 전략 개념은 낡은 말이 된다.
차별화를 넘어서 나다움을 이룬 브랜드와 기업만이
살아남게 될 것이다.

나는
왜
존재하는가

저는 여러분이 제 이야기를 듣고 기획자가 된다면, 세상에 하나뿐인 브랜드를 만드는 기획자가 되기를 바랍니다. 경영을 한다면, 세상에 하나뿐인 기업을 만드는 경영자가 되면 좋겠습니다. 조만간 '차별화' 같은 전략 개념은 틀림없이 낡은 말이 될 것입니다. 불과 몇 년 안에 차별화를 넘어서 '나다움'을 이룬 브랜드와 기업만이 살아남게 될 것이기 때문입니다.

"이 회사는 무엇인가?"

"이 회사는 왜 존재하는가?"

"비슷한 것도 많은데 이 브랜드가 왜 꼭 세상에 존재해야 하는가?"

나답게 살면 될 일을 남과 다르게 보이려고 차별화하겠다는 것은 정말이지 바보 같은 짓입니다. '나다움의 전략'이란 세상에 하나뿐인 나의 존재 이유를 찾아서 그 존재 이유로 세상과 소통하는 것입니다. 그러면 사람들이 "아, 저 기업은 다르구나!" 하고 말합니다. 이것이 우리가 앞으로 살아가야 하는 방법입니다.

내가 왜 이 지구라는 별에 존재하는가?

이 질문에 대한 답을 한번 생각해 봅시다. 이름에서 시작하면 차별화를 넘어서 진정한 나다움을 만들고, 남들과 다른 생각을 할 수 있습니다.

이운을
명로각든
별새생만다

此兩者 同出而異名

이 둘은 같은 곳에서 나왔으나 이름이 다르다.

此兩者 同出而異名

《도덕경》 1장

또 다른 이름, 별명

이름이 곧 존재 이유라고 할 만큼 중요하다는 이야기를 했으니 이름을 주제로 좀 더 이야기해 보려고 합니다.《도덕경》1장에 보면 이런 말이 나옵니다.

한 곳에서 나왔으나 이름이 다르다
同出而異名동출이이명

《도덕경》을 반복해서 읽다가 아주 재미있는 경험을 했습니다. 읽을 때마다 1장의 의미가 조금씩 달라집니다. '아하! 이게 이런 의미였구나!' 그리고 다음에 보면, '어라? 이게 그런 뜻이 아니었나?' 하는 일이 계속 반복되었습니다. 어떤 사람은 여기서 좌절하고 《도덕경》을 집어던진다는데, 저는 이게 《도덕경》의 묘미라고 봅니다. 그 묘함의 엑기스가 바로 1장입니다.

그런 의미에서 《도덕경》1장의 이 구절을 다시 한 번 찬찬히 살펴보겠습니다. 저는 이 구절에서 이름은 이름인데, 또 다른 이름이 있는 것을 발견했습니다. 이름이 두 개인 것이지요. 하나는 말로 부르는 이름이고, 다른 하나는 머릿속에 있는 이름입니다. 흔히 별명(別名)이라고 하는 이름이지요.

왜 머릿속의 이름을 별명이라고 하냐면, 인간의 특이한 언어습관 때문입니다. 사람은 다른 사람이나 어떤 대상을 부를 때 이름과 별명을 동시에 사용하는 습관이 있습니다. 동서고금을 막론하고 똑같습니다. 대부분 사람들이 이름 외에 별명도 있는 걸 보면 금방 알 수 있습니다. 그런데 별명은 왜 붙일까요? 사람과 사물을 금방 인식하기 위해서가 아닐까요?

어릴 때 제 별명은 떡판이었습니다. 얼굴이 떡판처럼 생겼다고 친구들이 붙인 별명입니다. 저는 이 별명이 싫었습니다. 이 별명을 부르는 친구하고 싸움도 많이 했습니다. 그러다가 회사를 만들었는데 직원들이 저보고 '네모 사장'이라고 부르는 겁니다. 별명이 떡판에서 네모 사장으로 변한 겁니다. 제법 일관성이 있지요? 하지만 여전히 별명은 마음에 안 듭니다. 그러나 어쩌겠습니까. 이건 제가 어찌 할 수 없는 문제입니다. 제가 정한 게 아니라 누군가 만든 제 별명에 많은 사람들이 공감해서 정해진 것이니까요. 이처럼 별명은 이름을 대신합니다.

어떨 때는 '짱구'니 '멍게'니 하는 별명은 생각나는데 이름이 생각나지 않는 친구가 있습니다. 나이 들면서 이런 경우가 점점 많이 생깁니다. 이름보다 별명을 더 오래 기억하기 때문이 아닐까요? 매우 중요하게 생각해 봐야 할 점입니다. 특히 요즘처럼 기업 수명이 짧은 환경일 때 경영자라면 별명의 중요성을 꼭 생각해야 합니다.

통계청이 2014년에 발표한 '기업생멸 행정통계'에 따르면, 신생기업의 5년 생존율이 2012년 기준으로 30.9퍼센트입니다. 쉽게 말해서, 10곳이 창업하면 5년 내 7곳이 문을 닫는다는 것입니다. 이러한 기업 생태계에서 오래 기억될 수 있도록 한다는 것은 대단히 중요한 전략입니다.

여러분은 어떤 별명을 가지고 있나요? 예전에는 무엇이었고, 지금은 무엇인가요? 만약 별명이 없다면 자기 자신을 한번 돌아볼 필요가 있습니다. 주변 사람에게 별다른 관심을 받지 못하고 있다는 증거일 수 있기 때문입니다. 또 있는 듯 없는 듯 존재감이 없는 사람이라는 뜻도 됩니다.

이름을 듣고 '그게 누구지?' 하고 생각이 안 나다가 용모나 성격, 특이점을 듣고 나면 '아, 그놈!' 하고 떠오르는 친구가 있나요? 안타깝지만, 그 친구의 별명은 '그놈'입니다. 그놈, 그 사람, 그 친구, 이런 별명을 가졌다면 한번쯤 자신을 돌아볼 필요가 있습니다.

기업과 브랜드의 이름도 마찬가지입니다. 기업은 이름과 별명을 동시에 사용하는 인간의 언어습관을 염두에 두고, 불리고 싶은 별명을 미리 만들어야 합니다. 기업에서 의도한 별명을 사람들이 부르게 만들어야 합니다.

이걸 모르면 아무리 좋은 이름을 붙여도 허망한 일이 벌어집니다. 이건 정말 중요한 일이니까 절대 잊으면 안 됩니다. 고객은 물론 기업의 구성원과 관계를 맺을 때에도 별명은 대단히 중요한 전략적 의미를 가지고 있습니다. 사례를 들어 설명해 보자면 이런 겁니다.

이름	별명
SBS 8시 뉴스	1시간 빠른 뉴스
다시다	고향의 맛
오리온 초코파이	정
예감	튀기지 않은 감자칩

이제 분명히 알겠지요? 별명이 얼마나 중요한지 말입니다. 별명이 있는 이름과 별명이 없는 이름, 이 둘의 차이는 무엇일까요? 별명이 있는 이름은 가깝고 친밀하고 오래 기억되기에 세상에 오래 존재합니다. 오리온 초코파이의 별명은 무엇인가요? '정'이지요. SBS 8시 뉴스의 별명은 무엇인가요? '1시간 빠른 뉴스'입니다. 예감의 별명은 무엇인가요? '튀기지 않은 감자칩'입니다. 이 별명을 감히 넘보는 자가 없어서 아직까지 경쟁자가 없습니다.

삼보컴퓨터의 별명이 무엇이었는지 기억하시나요? 한때는 있었는데 지금은 없습니다. 예전에는 '바꿔주는 컴퓨터'였지만 그 별명을 스스로 버렸고 그래서 망했습니다. 별명이 있느냐 없느냐 하는 것은 존재하느냐 못하느냐 하는 문제와 직결됩니다.

이 별명에 해당하는 게 바로 서양 마케팅에서 얘기하는 '브랜드 콘셉트'입니다. 또는 브랜드 슬로건일 수도 있지요. 그런데 이것은 제가 지금까지 설명한 별명의 개념하고 조금 차이가 있습니다. 간단하게 얘기하면, 사람들이 쉽게 부를 수 있는 별명처럼 되지 못하는 브랜드 콘셉트는 제대로 된 브랜드 콘셉트가 아니라는 겁니다.

물론 어떤 브랜드의 경우에는 브랜드 콘셉트가 있고 브랜드 슬로건이 따로 있어서 브랜드 슬로건이 별명이 되는 경우도 더러 있습니다. 하지만 저는 애당초 이 두 개를 따로 만드는 이유가 뭔지 모르겠습니다. 짐작하건대 자신들이 만든 브랜드 콘셉트가 맞는 건지 확신이 없어서 그런 것 아닌가 싶어요. 여차하면 바꾸겠다는 생각이지요. 이러면 진짜 문제입니다. 대형사고가 터지는 것이지요. 소비자도 모르고 직원도 모르는 브랜드 콘셉트가 왜 필요한가요? 브랜드 콘셉트가 무슨 기업 비밀인가요? 어떤 면에서 보면 기업의 경영자나 마케팅을 하는 사람들이 브랜드 콘셉트라는 개념을 잘못 이해하고 있는 건지도 모릅니다. 이걸 지식이라고 생각하고 받아들이면 이럴 수 있거든요. 이게 무슨 말인지 제가 경험한 사례를 들어서 설명해 드리겠습니다.

얼마 전에 어느 아동복 브랜드에서 컨설팅을 요청해서 오리엔테이션을 받으러 갔습니다. 국내 아동복 시장에서 넘버원인 기업이 운용하는 브랜드였지요. 이야기를 들어보니 최근에 브랜드를 리뉴얼했는데 처음에는 잘나가다가 요즘 매출이 주춤해졌다는 겁니다. 그래서 고객조사를 해보니까 단골고객들은 매장에 꾸준히 오는데 신규 고객이 늘지 않는다는 거예요. 그래서 제가 브랜드 책임자에게 물었습니다.

"엄마들이 왜 이 옷을 사서 아이들에게 입혀야 하지요?"

"요즘 엄마들 사이에 유로피안 스타일이 유행인데, 이 아동복이 엄마들 취향에 딱 맞는 유로피안 스타일이기 때문입니다."

옷들과 매장 모습을 찍어놓은 사진들을 보는데 아무리 봐도 이 옷이 왜 유로피안 스타일인지 모르겠더라고요. 제가 이래 봬도 패션 광고를 20년 가까이 한 사람인데 옷을 보면 이게 무슨 디자인인지 대충은 알거든요. 그런데 아무리 봐도 모르겠기에 또 물었습니다.

"저는 이게 유로피안 스타일인지 모르겠는데 엄마들은 어떻게 아나요?"

"엄마들은 다 알아요. 그러니까 우리 매장을 찾아오는 거예요."

나는 모르겠는데 엄마들은 다 안다니, 과연 그럴까 궁금했습니다. 그 다음날 혼자 매장을 찾아갔지요. 정말 그런지 확인하고 싶었으니까요.

'지금 매장에 와 있는 고객 10명에게 이 옷이 무슨 스타일이냐고 물어봐서 3명 이상이 유로피안 스타일이라고 대답하면 내가 내 손에 장을 지진다.'

이렇게 생각하고는 실제로 물어봤습니다. 고객 인지도 조사를 간단히 실시한 것이지요. 결과가 어떻게 나왔을까요? 이 옷은 유로피안 스타일이라고 대답한 고객이 단 한 명도 없었습니다. 더 무서운 이야기를 해드릴까요? 마지막으로 옷을 팔고 있는 매장 직원에게 물었습니다.

"이 옷이 무슨 스타일이에요?"

"글쎄요. 저는 그런 거 잘 모르는데요."

이 아동복의 브랜드 콘셉트는 '내 아이의 유로피안 스타일'이었습니다. 그런데 이걸 고객도 모르고 매장 직원도 모르고 있었습니다. 유일하게 브랜드 책임자만 알고 있는 겁니다. 이런 브랜드 콘셉트가 무슨 소용이 있을까요? 일주일 후에 미팅하면서 그분들에게 이렇게 조언했습니다.

"내일 당장 매장 여기저기에 POP를 붙여보세요. Paris Look, 스칸디나비안 드레스, 잉글랜드 재킷 같은 태그(Tag)들을 옷 옆에 놔두고, 유럽 도시들 사진도 몇 개 걸어놓고요. 누가 봐도 '아, 여기는 유럽 스타일'이라고 알 수 있도록 매장 한 군데만 시험적으로 해보세요. 그리고 일주일 후에 그 매장 판매 실적의 전후를 비교해 보세요. 판매가 더 늘었다면 여러분이 정한 브랜드 콘셉트가 맞는 거니까 자신감을 가지고 전 매장에 '내 아이의 유로피안 스타일'이란 말을 당당하게 사용하세요. 그리고 매장 직원들에게도 왜 우리 옷이 유로피안인지 세일즈 교육 실시하는 거 잊지 마시고요. 만약 일주일 이후 판매에 별다른 변화가 없으면 브랜드 콘셉트에 문제가 있는 거니까 그때부터 저하고 콘셉트 잡는 미팅을 하시지요. 판매가 늘었다면 굳이 저하고 미팅할 필요가 없으니까 연락 안 하셔도 됩니다."

그날 이후 지금까지 연락이 없는 걸 보니까 잘되고 있는 것이겠지요? 아무래도 기업들이 브랜드 콘셉트라는 개념을 잘못 이해하고 있는 것 같습니다. 현장에서 이와 유사한 일들을 너무 많이 겪었거든요. 고객이 모르는 브랜드 콘셉트는 아무 의미도 없고 쓸모도 없습니다. 그래서 저는 이렇게 말하고 싶습니다.

"브랜드 콘셉트는 반드시 별명처럼 사용되어야 한다!"

별명을 어떻게 만들 것인가

별명이 얼마나 필요하고 중요한 것인가 하는 문제는 이 정
도로 이야기하고 이제부터 별명을 어떻게 만들어야 하는지
실제 사례를 가지고 얘기해 봅시다. 딤채 사례입니다.

　딤채는 당시 위니아만도라는 회사가 거의 8년 동안 사활
을 걸고 개발한 제품이었습니다. 그런데 2002년이 되자 한
참 잘나가던 딤채에 빨간 불이 켜졌습니다. 삼성, LG, 대우
같은 대기업에서 김치냉장고 시장에 본격적으로 뛰어든 겁
니다. 딤채가 독점하다시피 한 시장 판도가 마구 흔들리면
서 위기를 맞게 됩니다. 바로 그때 딤채 측에서 저를 찾아왔
습니다. 오리엔테이션을 하면서 받은 과제는 다음과 같았습

니다.

> 딤채는 김치냉장고의 원조다.
> 삼성, LG, 대우 등 대기업이 김치냉장고
> 시장에 뛰어들어 우리 시장을 위협하고
> 있다.
> 대기업의 추격을 물리치고 딤채가 김치
> 냉장고 시장에서 확고한 1등이 될 수 있
> 는 전략을 제안해 달라.

여러분이 이런 과제를 받았다 생각해 봅시다. 제일 먼저 해야 할 일이 무엇인가요? 위니아만도의 관점부터 살펴봐야겠지요. 위니아만도는 어떤 생각으로 기업을 하는 회사인지, 현 상황을 어떤 관점으로 바라보고 있는지 먼저 정리해 보는 겁니다. 관점에 오류가 없는지 살피는 것입니다. 관점에 잘못이 있으면 문제가 아닌 것을 문제로 규정하고 엉뚱한 해결책을 내게 되니까요. 물론 이 과제에 정답은 없습니다. 정답이 없는 문제일수록, 그것을 바라보는 관점을 먼저 파악해야 합니다. 자, 위니아만도의 관점으로 과제를 정리해 봅시다.

우리가 김치냉장고의 원조다.
우리는 딤채를 개발하기 위해 자체 김치
연구소를 설립해서 8년 동안 각고의 노
력으로 지금의 혁신적인 김치냉장고를
개발했다. 그러니 김치냉장고의 원조는
당연히 딤채이고, 우리가 그에 합당한
시장 지위를 가져야 한다.

이것이 위니아만도의 관점으로 바라본 딤채입니다. 이제
지금까지 우리가 얘기했던 '이름과 별명'의 관점으로 간단
하게 정리해 봅시다.

딤채의 별명은 김치냉장고의 원조다.
원조니까 그에 합당한 시장 지위를 누려
야 한다.

이번에는 과연 '김치냉장고의 원조'라는 별명이 소비자에
게 얼마나 강력한 힘을 발휘하는지 소비자 입장에서 질문
해 봅시다.

저 많은 김치냉장고 중에서 왜 하필 딤채를 사야 하지?

딤채가 내놓은 답은 "원조니까!"입니다. 어떤가요, '원조'라는 별명이 그 많은 김치냉장고 중에서 꼭 딤채를 사야 할 만큼 매력적인가요? 아니지요. 저는 위니아만도가 그다지 좋지 않은 별명에 집착하고 있다고 생각했습니다. 그래서 프레젠테이션을 하는 자리에서 제가 '원조'라는 별명을 어떻게 생각하는지 이야기했지요.

'내가 김치냉장고를 최초로 개발한 원조다!'라는 사실은 직원의 자부심이나 애사심, 충성심을 키우는 데 매우 요긴하게 사용할 수 있습니다. 그런데 딤채를 구매하는 소비자에게도 '원조'라는 말이 중요할까요? 소비자가 원조를 그렇게 중요하게 생각한다면, 왜 삼보컴퓨터를 사지 않고 삼성과 LG의 컴퓨터를 사겠습니까? 삼보컴퓨터가 PC의 원조인데요. 만약 제가 삼성 김치냉장고를 담당하고 있는 마케터이거나 사업본부장이라면 이런 광고를 만들어 내보내겠습니다.

'주부 여러분, 김치냉장고의 원조가 무엇입니까? 냉장고입니다.

냉장고 만드는 기술로 김치냉장고를 만듭니다.

그래서 김치냉장고도 냉장고를 잘 만드는 삼성이 역시 잘 만듭니다.

김치냉장고, 삼성이 만들면 다릅니다.'

삼성이나 LG가 이렇게 광고를 하면 어떻게 대응하겠습니까? 아니다! 김치냉장고와 냉장고는 근본이 다르다! 이렇게 싸우겠습니까? 그러는 순간에 싸움은 끝납니다. 삼성의 전략에 말려드는 겁니다. 어떻습니까? 아직도 누가 원조냐는 이슈를 놓고 대기업과 싸워야 한다고 생각하십니까?

삼성이나 LG와 김치냉장고 시장을 놓고 싸워봤자 승산이 없습니다. 김치냉장고의 원조라는 말도 전혀 쓸모없지요. 프레젠테이션을 듣던 위니아만도 임직원들은 거의 패닉 상태에 빠졌습니다.

'이제 어떻게 해야 하지? 이야기를 들으니 맞는 것 같기도 하고, 그렇다고 손 놓고 매출이 떨어지는 것을 보고만 있을 순 없고. 이것 참 난감하군.'

이때 제가 묘안을 제시했습니다. 딤채가 김치냉장고라는 생각을 버리자고 말입니다. 김치냉장고라는 말을 하면 할수록 오히려 삼성과 LG를 도와주는 꼴이 되니까요. 김치냉장고라는 말을 법적으로 딤채에만 붙일 수 있게 하지 못할 바에야, 김치냉장고라는 이름을 사용하면 할수록 스스로 자기 무덤을 파는 게 되는 겁니다. 이런 생각을 담아서 딤채의 존재 이유를 새롭게 정의했습니다.

딤채는 김치냉장고가 아닙니다.
딤채는 김치를 가장 맛있게 숙성, 발효 시키는 세상에 하나뿐인 발명품입니다.
8년에 걸쳐 개발한 이 놀라운 발명품의 본질을 개나 소나 다 쓰는 김치냉장고니 원조니 하는 말로 희석해야 되겠습니까?
이제부터 딤채는 발효과학입니다.

발효과학 딤채는 이렇게 탄생했습니다. 지금도 시장에 나가서 김치냉장고를 사는 주부들에게 "왜 딤채를 사세요?" 하고 물으면 "발효과학이니까요."라고 대답합니다. 딤채의 별명은 여전히 '발효과학'인 겁니다. 이제부터 발효과학이라는 별명을 어떻게 만들었는지 좀 더 세밀하게 살펴보겠습니다.

딤채, 삼성, LG, 대우. 이것이 이름일까요? 별명일까요? 기업 입장에서 보면 이름이겠지만 소비자 입장에서 보면 별명입니다. 노자의 관점으로 봐도 이것들은 모두 별명입니다. 이 별명과 같이 사용하는 처음 이름이 김치냉장고지요. 그러니까 김치냉장고라는 이름에 별명이 여러 개 붙은 겁니다. 제일 처음 생긴 별명이 딤채입니다. 처음은 매우 중요합니다. 그래서 딤채가 초기에 일등 브랜드가 되었지요. 그런데 지금은 삼성, LG, 대우 등 별명이 많이 생겼습니다. 김치냉장고라는 이름이 있고 여기에 여러 별명이 붙었습니다. 이 별명을 가지고 질문을 해보세요.

어떤 별명이 가장 친숙한가요? 어떤 별명이 가장 믿음직하게 느껴지나요? 어떤 별명이 제일 애프터서비스를 잘할 것 같나요? 어떤 별명이 가장 맛있게 느껴지나요? 어떤 별명이 디자인이 제일 멋있을 것 같나요?

이렇게 보니까 딤채는 결국 김치냉장고의 여러 별명 중에 하나일 뿐이지요? 게다가 딤채는 처음 생긴 별명이라는 것

아삭아삭
생생한 이 맛을 누가 당할까?
딤채에서 꺼낸 여름김치

풋풋한 겉절이, 아삭한 오이소박이, 시원한 나박김치.
맛있는 여름김치로 입안 가득 생생한 맛을 느껴보세요.
1년 내내 아삭아삭 생생한 김치 맛, 발효과학 딤채입니다.

발·호·과·학
딤채

딤채의 존재 이유는
김치냉장고가 아니라
김치를 가장 맛있게 발효시키는
세상에 하나뿐인 발명품이다.
'발효과학'은
딤채만의 존재 이유를
설명하는 별명이다.

말고는 제일 약한 별명처럼 보입니다. 이런 식으로 이름과 별명을 정리해 보니까 결국 김치냉장고 시장에서 1등은 누가 될 것 같나요? 이 정도면 삼척동자도 "삼성이요!"할 겁니다. 딤채가 김치냉장고라는 이름의 별명으로 있다가는 꼴등으로 밀려날 수밖에 없습니다. 그러면 딤채는 어떻게 해야 할까요? 이것이 바로 하이라이트입니다!

제가 실제로 이 상황에서 노자께 여쭤봤어요. 딤채는 어떻게 하면 좋을까요? 하고요. 그랬더니 노자께서 《도덕경》 1장을 보아라!" 하는 겁니다.

이 둘은 한 곳에서 나왔으나 이름이 다르다
此兩者 同出而異名

저는 이 문구를 보고 유레카를 외쳤습니다.

'그렇구나. 김치냉장고에 또 다른 이름이 있었구나!'

김치냉장고는 본래 이름이고, 다른 이름이 있는데 아직 붙이지 않았던 겁니다. 왜 못 붙인 걸까요? 다른 이름을 못 본 겁니다. 이를 두고 노자는 욕(欲)이 있으면 다른 이름을 볼 수 없다고 말합니다.

다른 이름을 보려면 욕이 없어야 합니다. 위니아만도는 욕이 있어서 새로운 제품에 김치냉장고라는 이름을 붙였습니다. 이건 마치 부모님이 제 이름을 지을 때 이병철만큼 부자가 되라고 이병철로 정하는 것과 같은 것이지요. 나는 나지 이병철이 아니잖아요. 만약에 제 이름이 이병철이었으면 제 인생이 어떻게 되었을까요? 짐작하건대 엄청 꼬였을지도 모릅니다. 뭐든지 처음에 이름을 만들고 정하는 일이 이렇게 중요합니다.

위니아만도는 1등을 하겠다는 욕이 있어서 '김치냉장고의 원조'라는 이름에 집착했던 겁니다. 위니아만도가 욕 없이(無欲) 8년 동안 피땀 흘려 개발한 발명품을 볼 때 비로소 김치냉장고가 아닌 다른 이름을 볼 수 있을 겁니다.

이렇게 해서 저는 딤채의 별명을 찾기로 했습니다. 욕이 없으니까 위니아만도가 만든 새 발명품을 김치냉장고가 아닌 새로운 존재로 볼 수 있었습니다. 그 다음에는 거기에서 한 걸음만 더 나아가면 됩니다. 발명품의 이름을 뭐라고 지을지 창의력을 사용해야 했지요.

"이게 김치를 발효시키는 기계잖아. 사용한 특허 기술만 무려 180여 개야. 김치를 맛있게 발효시키기 위해서 엄청난 과학 기술을 사용한 거지."

제 말에서 아주 간단하게 '발효과학'이라는 이름을 떠올릴 수 있나요? 그때도 간단하게 만들었습니다. 그다음 이런 이름이 세상에 또 있는지 확인했습니다. 없으면 새로운 이름인 것이고 새로운 존재의 모태가 될 테니까요(有名 萬物之母).

이렇게 해서 발효과학이란 이름이 딤채의 새로운 모태가 됐습니다. 그전에는 딤채의 모태가 무엇이었나요? 김치냉장고라는 이름이 딤채의 모태였습니다. 발효과학과 김치냉장고란 이름을 놓고 비교해 보세요. 완전히 다르지요? 어느 쪽이 김치를 제대로 맛있게 발효시키는 제품의 이름 같나요? 이게 바로 묘명(妙名), 잘 지은 별명입니다.

"김치냉장고가 두 종류 있는데, 한쪽은 발효과학으로 만든 김치냉장고이고, 다른 쪽은 일반 냉장고 기술로 만든 김치냉장고입니다. 어떤 김치냉장고를 사겠습니까?"

이게 발효과학이라는 묘명의 놀라운 힘입니다. 노자가 말하는 부쟁(不爭)의 전략이기도 합니다. 싸우지 않고 적을 제압하는 전략이지요. 브랜드는 반드시 자신만의 별명을 가지고 있어야 합니다. 자신만의 존재 이유를 설명하는 별명 말입니다. 그러면 다른 기업과 싸울 필요가 없습니다.

이번엔 좀 더 복잡하고 재미있는 사례를 하나 소개하겠습니다.

"후발 브랜드가 1등 브랜드보다 먼저 별명을 찾아서 시장을 공략하는 경우, 1등 브랜드나 다른 브랜드는 어떻게 해야 하는가?"

이 질문에 대한 한 가지 답이 바로 휘발유 브랜드 엔크린 사례에 담겨 있습니다. 20년 전까지만 해도 우리나라엔 휘발유 브랜드가 따로 없었습니다. 당시만 해도 사람들이 가까운 주유소나 단골 주유소에서 휘발유를 넣었기 때문에 휘발유 브랜드를 생각하지 않았지요.

이때 주유소의 후발 주자인 호남정유(현 GS칼텍스)가 국내 최초로 '테크론'이란 휘발유 브랜드를 만들어서 시장을 공략하기 시작했습니다. 그런데 이 테크론의 별명이 '엔진 보호 휘발유'였습니다. 차에 휘발유를 넣는데 엔진 보호 휘발유를 넣겠습니까, 아니면 일반 휘발유를 넣겠습니까? 지금 봐도 정말 잘 만든 휘발유 별명입니다.

이 별명의 힘이 어느 정도 강했냐 하면, 테크론 광고가 TV에 나오자마자 사람들이 이왕이면 엔진이 보호되는 휘발유를 넣으려고 일부러 멀리 있는 호남정유 주유소를 찾아가기 시작한 겁니다. 저부터 그랬으니까요. 평소 안 가던 호남정유 주유소를 일부러 찾아가서 기름을 넣으면서, 속으로 이런 생각을 했습니다.

'야, 이 별명 진짜 세다. 다른 주유소들 한동안 골치깨나 아프겠네.'

이러던 차에 유공(현 SK에너지)에서 연락이 왔습니다. 오리엔테이션을 받고 보니, 유공의 시장점유율이 3개월 동안 6퍼센트나 떨어진 상황이었습니다. 물론 그 6퍼센트는 호남정유가 가져간 것이었습니다.

유공은 3개월 동안 속수무책으로 당하다가 다급해서 휘발유 브랜드 이름을 '엔크린', 별명을 '깨끗한 휘발유'로 정하고 부랴부랴 TV 광고를 했습니다. 1등 기업답게 호남정유보다 광고비를 3배 이상 쏟아붓고, 주유소에서 여러 가지 판촉행사도 했습니다. 그런데 시장점유율은 더 떨어졌습니다. 백약이 무효인 셈이었지요. 유공은 한바탕 난리를 치르고 저를 찾아와서 시장점유율을 되찾고 1등을 유지할 수 있는 전략을 요청한 것입니다.

처음에 든 생각은 '불가능하다!'였어요. 어떤 핑계를 대서라도 하고 싶지 않은 프로젝트였습니다. 테크론의 별명이 너무 강력했거든요. 엔진 보호 휘발유를 어떻게 당해내겠습니까? 거기에 맞서는 엔크린의 별명은 깨끗한 휘발유랍니다. 길을 막고 "엔진을 보호하는 휘발유를 넣겠습니까? 깨끗한 휘발유를 넣겠습니까?" 하고 물어보면, 다 엔진 보호 휘발유를 넣겠다고 하지 않겠어요? 유공 직원이 아니면 누가 깨끗한 휘발유를 넣겠다고 하겠습니까.

도대체 엔크린과 깨끗한 휘발유라는 이름과 별명을 누가, 어떻게, 왜 만들었는지 제가 물어볼 수밖에요. 들어보니 엔크린은 유수의 브랜드네이밍 전문회사에 의뢰해서 만들었고, 깨끗한 휘발유도 역시 유수의 광고회사가 광고를 만드는 과정에서 제안해서 정했다고 하더군요. 수차례 테스트를 거쳐서 소비자가 가장 선호하는 이름과 별명으로 정했다고 강조했습니다.

잘못한 건 전혀 없는 것처럼 보였지요. 전문가가 제안한 이름이고 과학적으로 검증을 하고 소비자 테스트를 거쳐서 사장님도 승낙했으니까요. 광고비는 경쟁사의 3배를 쏟아붓고 판촉행사도 멋지게 했습니다. "그런데 왜 매출은 더 떨어진 것일까요?" 하고 물으니 마케팅 전문가가 아니어서 그 이유를 잘 모르겠답니다. 그러니까 당신을 부른 게 아니냐며 불쾌하다는 듯 저를 쳐다보더라고요. 이거 참 큰일이다, 싶었지요. 일단 두 가지를 이야기했습니다.

"엔크린의 어감이 테크론의 아류 같으니 이참에 바꾸는 게 어떨까요? 깨끗한 휘발유라는 콘셉트도 전혀 반응이 없으니 이것도 바꾸시죠?"

유공 측에서는 한동안 고민하더니 엔크린은 못 바꾸겠다, 그 대신 콘셉트는 바꾸어도 좋다고 하더군요. 참 이상하지 않나요? 엔크린 TV 광고를 테크론의 3배 이상을 했는데 왜 매출이 떨어졌을까요? 제가 볼 때 엔크린은 광고를 하면 할수록 매출이 떨어질 수밖에 없었습니다. 엔크린이 자기 광고를 하는 게 아니라 테크론 광고를 하고 있었으니까요. 두 휘발유의 별명을 음미해 봅시다.

엔진 보호 휘발유
깨끗한 휘발유

사람들이 두 휘발유의 광고를 동시에 봤다면 머릿속에 어떤 일이 벌어질까요? 브랜드가 비슷하기 때문에 먼저 기억하고 있는 브랜드로 별명이 통합되는 현상이 생깁니다. 결과적으로 이렇게 광고를 기억하는 겁니다.

테크론은 깨끗한 휘발유라서 엔진을 보호해 주는구나.

실제로 현장에서는 이런 일이 비일비재하게 벌어집니다. 유공 측과 1차 미팅을 하면서 콘셉트를 바꾸는 데 합의했어요. 이때 제 머릿속에는 한 가지 질문만 있었습니다.

휘발유의 다른 이름이 뭘까?

휘발유의 본질을 대변하는 다른 이름이 무엇인가, 하는 질문의 답을 찾고 그 이름이 엔진 보호 휘발유와 얼마나 유사한지, 아니면 다른지 가늠해 봐야 하는 겁니다. 이런 경우에 "엔진 보호 휘발유보다 더 강력한 별명이 무엇일까?"와 같은 질문을 던지면 절대로 안 됩니다. 왜 그럴까요? 엔진 보호 휘발유의 아류만 나오기 때문입니다.

질문을 제대로 던졌으니, 휘발유의 다른 이름을 찾기 위해서 '휘발유'라는 이름이 붙기 전 무명(無名)의 상태로 가

보지요. 제가 무명 상태의 휘발유를 생각한 과정을 잘 따라 오세요. 무명 상태의 휘발유는 크게 두 가지로 나눠볼 수 있습니다.

"어떤 성능을 가지고 있는가? 어떤 용도로 사용하는가?"

하나는 성능이고, 하나는 효능입니다. 휘발유의 성능은 정제 기술에 달려 있다고 합니다. 정제가 잘된 '고순도 휘발유'일수록 자동차 엔진의 성능을 높이고 연소 후에도 인체에 덜 유해하다는 게 업계 전문가들의 공통된 의견이었습니다.

테크론의 '엔진 보호 휘발유'는 휘발유의 본질 중에서 효능을 강조한 별명이고, 이 별명을 정당화하기 위해 휘발유에 엔진 보호 물질을 첨가했다는 것을 알게 되었습니다. 그러니까 정확하게 얘기하면 엔진 보호 휘발유는 100퍼센트 순수한 휘발유가 아닌 겁니다. 휘발유의 본질에 가까운 별명이 되기엔, 처음에 생각했던 것보다 부족함이 많은 별명이었지요.

'그래, 이거다. 여기에 엔크린의 기회가 있다. 휘발유의 본질에 가까운 다른 이름을 찾아 엔크린의 별명으로 사용하자!'

엔크린은 정말 운이 좋았습니다. 테크론이 조금만 더 노력했으면 얼마든지 휘발유의 본질에 가까운 별명을 차지할 수 있었는데, 절호의 기회를 놓친 틈을 엔크린이 노렸으니까요. 테크론이 바보라서 그랬을까요? 천만에요, 절대 아닙니다. 그 양반들 진짜 똑똑한 사람들이었어요. 그러니까 시장점유율을 10퍼센트 가까이 뺏어갔지요. 단지 다른 이름, 별명의 역할과 중요성을 몰랐던 겁니다.

우리가 1차적으로 뽑은 휘발유의 본질에 가까운 별명은 '고순도 휘발유'였습니다. 유공의 휘발유 정제기술이 호남정유보다 뛰어나다는 객관적 증거도 있었지요. 그러나 '고순도 휘발유'라는 별명은 두 가지 문제가 있었습니다. 일단 고순도 휘발유라는 말은 개념적 언어지 별명이 될 수는 없었습니다. 별명은 제 별명 '떡판'처럼 들으면 무엇을 얘기하는지 머릿속에서 금방 그림이 그려져야 합니다. '아 그거~!' 하는 반응이 나와야 별명으로 사용할 수 있으니까요.

또 다른 문제는 고순도 휘발유를 쉬운 말로 바꾸다 보니까 다시 '깨끗한 휘발유'가 되는 겁니다. 나중에 들어 보니 처음 광고를 맡은 회사도 이런 생각으로 깨끗한 휘발유를 제안했다고 했습니다.

'이거 어쩌지? 분명히 이 근방 어디에 답이 있는데······.'

해결책이 손에 닿을 듯 말 듯하던 그때에 무조건 《도덕경》을 펼쳐 보았습니다. 《도덕경》은 어디를 펼쳐도 보이는 글자가 두 개 있습니다. 아닐 불(不) 자와 없을 무(無) 자입니다. 1장부터 마지막 81장까지 어느 장을 펼치더라도 이 두 글자 중 하나는 반드시 있습니다.

이것이 노자의 어법입니다. 아니다, 하지 마라, 없다, 없애라. 거의 모든 말을 이렇게 합니다. 언뜻 보면 노자는 매사 부정적으로 생각하는 사람 같습니다. 노자가 왜 이런 어법을 사용할 수밖에 없었는지 기회가 되면 얘기해 드리겠습니다. 그때도 《도덕경》을 펼치는데 유독 아니다, 없다, 두 글자가 눈에 들어오더군요. 그 순간, '그래 이거야!' 하는 생각이 들었습니다.

무슨 말인고 하니, 고순도 휘발유를 노자의 어법으로 바꿔 본 것입니다. 휘발유를 정제해서 순도가 높다는 건 뭐가 없다는 건가요? 불순물과 찌꺼기가 없다는 것입니다. 고순도 휘발유란 정제를 잘해서 찌꺼기가 없는 휘발유인 것이지요.

"이제부터 엔크린의 별명은 '찌꺼기 없는 휘발유'다!"

이렇게 별명을 만들 때 노자의 어법을 사용하면 매우 효과적입니다. 제가 그동안 만든 브랜드 별명의 반 이상이 노자의 어법을 사용한 것입니다.

튀기지 않은 감자칩	예감
때와 장소를 가리지 않는	011
바꿔주는 컴퓨터, 안 바꿔주는 컴퓨터	삼보 드림시스 체인지업
1시간 빠른 뉴스	SBS 8시 뉴스

입 냄새 제거 껌   오리온 후라보노껌

정복할 것인가? 정복당할 것인가?   프로스펙스

차 값이 얼만데   지크XQ

일부러 그런 것은 아니었는데 하다 보니 그렇게 되었습니다. 아마 브랜드의 본질을 찾다 보니 저도 모르게 노자의 어법을 닮아간 게 아닌가 싶습니다. 노자의 어법이 만물의 본질을 언어로 다루는 방식이거든요.

그렇게 해서 '찌꺼기 없는 휘발유'가 엔크린의 별명이 되었습니다. 그런데 여기서 생각을 끝내면 안 됩니다. 브랜드의 별명이 나오면 반드시 소비자의 입장이 되어서 질문을 해봐야 합니다.

"내가 왜 찌꺼기 없는 휘발유를 반드시 넣어야 하지?"

이런 소비자의 질문에 답을 못하면 아무리 힘들게 찾아낸 별명이라도 쓰레기통에 버려야 합니다. 이것은 정말 중요한 질문이니 절대 잊으면 안 됩니다. 그런데 이 질문을 그 당시 저와 함께 엔크린 프로젝트를 하던 크리에이티브 디렉터 이재철 선배가 한 겁니다. 저는 이렇게 대답했습니다.

"내 차는 소중하니까!"

그랬더니 선배가 너무 재미없다고 하더군요. 그래서 이번엔 거꾸로 제가 물었습니다.

아이구 배야!

액셀을 밟아도 힘들어만 하고
차가 잘 나가지 않았습니까?
엔진소리가 고통처럼 커졌습니까?
배기가스의 색깔이 없어지고 독해졌습니까?
휘발유를 잘못 쓰면
자동차에도 복통이 일어납니다.

문제는 휘발유 찌꺼기!
찌꺼기 없는 휘발유, 유공 엔크린으로 바꾸십시오

엔크린은 찌꺼기가 없습니다.
찌꺼기는 물속이고 큰 산소분자이기
때문에 휘발유 성분가들을 만드는 엔크린.
...... 있을 수 없습니다.

엔크린은 찌꺼기를 남기지 않습니다.
유공이 직접 �단해는 신소청가 MTBE를 넣어
완전연소에 가장 가깝게 만든 고옥탄. 엔크린.
연료로도, 연료로도, 윤시가, 엔진 등에
찌꺼기를 남기지 않습니다.

엔크린은 찌꺼기를 없애줍니다.
세계선신국의 독체제거 최적량
최첨단 엔진청정제를 첨가한 엔크린.
엔진 구석구석에 쌓여 있는 찌꺼기를
벗겨내 씻어냅니다.

찌꺼기 없는 휘발유

《도덕경》 1장에서 81장까지
어느 장을 펼쳐도
아닐 불(不) 자 또는
없을 무(無) 가 반드시 있다.
이것이 노자의 어법이다.
별명을 만들 때 노자의 어법을
사용하면 매우 효과적이다.

"선배는 왜 꼭 찌꺼기 없는 휘발유를 넣어야 한다고 보세요?"

그랬더니 선배가 이렇게 말하더군요.

"내 차는 새 차니까!"

그 순간, '역시 이 양반은 고수다!' 하는 생각이 들더군요. 이렇게 해서 우리는 '찌꺼기 없는 휘발유' 광고를 만들면서 찌꺼기 없는 휘발유를 반드시 넣어야 하는 이유를 자연스럽게 받아들일 수 있는 재미있는 별명을 하나 더 사용하게 되었습니다. 바로 '새 차엔 엔크린'이었지요.

새 차엔 엔크린.
왜? 찌꺼기가 없으니까!

소비자의 반응은 가히 폭발적이었습니다. '새 차엔 엔크린' 하니까, 새 차가 아닌 사람들은 "나보고 엔크린 넣지 말라는 소리냐?" 하면서 항의 전화를 하고 난리가 났어요. 그래서 2탄 광고를 만들어서 내보냈지요.

왜 꼭 엔크린만 고집해요?
헌 차니까!

엔크린은 떨어진 시장점유율을 회복한 건 물론이고 초과로 12퍼센트나 더 확보했습니다. 말 그대로 대박이 난 것입니다. 이 이야기를 통해 분명히 알아야 할 사실이 한 가지 있습니다. 찌꺼기 없는 휘발유는 엔진 보호 휘발유와 다투기 위해서 만든 별명이 아니라는 겁니다. 엔크린을 휘발유의 본질에 가깝게 인식하도록 하기 위해 만든 별명이니까요.

그 후로 재미있는 현상이 생겼습니다. 유공 주유소에서 엔진 보호 휘발유를 넣어 달라는 고객이 많이 생긴 겁니다. 주유소 직원이 "이거 엔크린인데요." 하면 "엔크린이 엔진 보호 휘발유잖아요."라고 한다는 겁니다. 재미있지요? 찌꺼기가 없으니까 자연스럽게 엔진을 보호한다고 생각했기 때문입니다.

잘 만든 별명은 이렇게 경쟁사의 별명까지 흡수하는 힘을 갖습니다. 이것이 본질에 가까운 다른 이름을 찾아서 별명으로 사용할 때 따라오는 힘입니다.

이제 정리를 해보겠습니다. 지금까지 이름과 별명의 중요성, 그리고 힘에 대해서 이야기했습니다.

"내 브랜드의 별명이 무엇인가?"

이 질문은 우리를 통찰로 이끌어줍니다. 내 브랜드의 별명이 시장에서 어떤 역할을 하고 있는지 알게 되면, 브랜드를 어떻게 관리해야 하는지 금방 자신의 길을 찾을 수 있기 때문입니다.

내 브랜드가 시장에서 1등이라면 별명이 반드시 시장의 본질을 대변하고 있어야 합니다. 그렇지 않으면 곧 위기를 맞게 됩니다. 반대로 자기 브랜드가 후발주자라면 1등 브랜드의 별명이 시장의 본질을 대변하고 있는지 살펴야 합니다. 만약 1등 브랜드의 별명이 '원조' 정도이고 시장의 본질을 대변하고 있지 않다면 아주 좋은 기회를 발견한 겁니다. 싸우지 않고 시장에서 1등이 될 수 있는 기회이니까요.

이것이 싸우지 않고 이기는 '부쟁의 전략'입니다. 나만의 존재 이유로 별명을 만들면 '내가 더 좋습니다', '내가 더 셉니다', '내가 더 첨단입니다.' 하는 식으로 서로 싸우지 않고도 내 시장을 만들 수 있습니다.

본질에 가까운 별명은 어떻게 찾을 수 있을까요? 다른 이름을 찾기 위해서는 이름이 붙기 전 무명의 상태로 가보는 일이 필요합니다. 노자의 어법으로 '이게 아니면 저건 뭐지?' 하고 질문할 때부터 새로운 생각이 나오기 때문입니다.

인간은 생각하는 동물입니다. 창의력은 배워서 생기는 게 아니라 본래부터 있는 인간의 고유한 능력입니다. 아주 놀랍고도 묘한 능력이지요. 이 능력이 가장 잘 드러날 때가 이름과 별명을 지을 때입니다. 새로운 아이디어가 이렇게 만들어집니다. 인간이 만물의 영장이 될 수 있었던 이유이지요.

노자는 《도덕경》 1장에서 "사람들이 도라고 하는 것이 도가 아니고, 이름이라고 하는 것이 이름이 아니다(道可道 非常道 名可名 非常名)."라고 합니다. 2,500년 전 노자의 눈에 비친 세상이 그렇듯, 오늘날에도 세상은 끊임없이 변합니다. 시장도 변하고, 소비자도 변하고, 기업도 변하고, 나도 변합니다. 좋은 이름, 본질을 꿰차고 있는 별명을 찾았다 해도 상황은 곧 변한다는 것을 알아야 합니다. 이것이 노자가 말하는 통찰력이고 예지력입니다. 영원한 1등도, 영원한 꼴등도 없습니다. 1등도 꼴등도 한 곳에서 나온 서로 다른 이름이지요.

한 곳에서 나왔으나 이름이 다르다(同出而異名). 이 원리를 아는 사람이 시장의 본질을 봅니다. 지금은 비록 꼴찌라도 곧 1등이 될 수 있습니다. 그러나 이것을 보지 못하면 지금 1등이라도 곧 꼴찌로 전락하고 맙니다.

이렇게 인간과 이름, 만물의 관계를 요약해 놓은 것이《도덕경》1장입니다. 볼 때마다 정말 놀랍습니다. 1장에 나오는 많은 이름, 즉 상명(常名), 가명(可名), 이명(異名), 무명(無名), 유명(有名), 이것들이 다 중요한 개념이지만 다소 복잡한 감이 있으니 이름과 별명으로 구분하면 충분할 것 같습니다. 앞으로 세상의 모든 이름을 대할 때 당연히 이 이름 말고 다른 이름이 있겠구나, 하고 생각해 보세요.

그런데 왜 사람들은 별명을 쉽게 못 찾을까요? 그 이유는 고정관념 때문입니다. 한 이름에 집착하는 것이 고정관념입니다. 이것이 있으면 본질에 가까운 다른 이름을 볼 수가 없습니다. 이어지는 다음 이야기에서는 새로운 생각을 가로막는 고정관념에 관해 이야기하겠습니다.

욕심을 버리면 새로움이 보인다

天下皆知美之爲美

斯惡已

皆知善之爲善

斯不善已

사람들이 모두 아름다움을 안다 하고 그 아름다움을 추구하고 살아가지만,

그것은 아름다운 게 아니라 오히려 추하다.

다들 이게 옳다고 하고 그렇게 사는 게 올바른 삶이라고 여기지만

그런 삶은 결코 옳은 게 아니다.

天下皆知美之爲美
斯惡已
皆知善之爲善
斯不善已

《도덕경》 2장

"나는 왜 지구에 존재하는가?"

이 질문에 대한 답을 찾으셨나요? 아마 쉽게 못 찾았을 겁니다. 하지만 어렵더라도 나만의 존재 이유, 세상에 하나밖에 없는 존재 이유는 제 이야기가 끝날 때까지 계속 찾아야 합니다. 그것이 바로 제가 이 이야기를 시작한 목표이기 때문입니다. 제가 왜 그런 목표를 설정했는지, 지금부터 설명해 드리겠습니다.

첫째, 우리는 살면서 수많은 문제에 직면합니다. 지금은 그것이 어떤 종류의 문제일지, 얼마나 크고 심각한 문제일

지 전혀 알 수가 없습니다. 분명한 것은 그때마다 스스로 그 문제에 답을 내야 한다는 것입니다. 그런데 그 문제엔 정답이 없습니다.

정답이 없는 문제를 풀어본 적 있습니까? 누구한테 물어볼 수도 없는 문제 말입니다. 네이버나 구글에도 안 나오는 문제입니다. 어디에도 답이 없습니다. 온전히 혼자 힘으로 답을 내야 합니다. 그런 문제가 수도 없이 몰려옵니다. 제 경험으로는 그중에서 가장 어려운 문제가 바로 '내가 왜 지금 여기에 존재하는가?' 하는 문제였습니다.

살면서 어려움에 부딪힐 때, 일하다 난관에 부딪힐 때마다 이 문제가 떠오릅니다. 그럴 때 답을 내지 못하고 고민하고 괴로워하다가 급기야 생을 포기하는 사람도 많이 보았습니다. 아마 여러분도 봤을 겁니다. 그런 선택을 할 사람이 아닌데, 탁! 하고 순간적으로 생을 포기해 버린 겁니다. 그래서는 절대로 안 되는 일이지만 저도 그런 고비를 몇 번 겪은 적이 있습니다.

그래서 여러분에게 나만의 존재 이유를 찾아보라고 한 것입니다. 여러분의 답은 틀림없이 매주 달라지고 나아질 겁니다. 제 이야기가 끝날 때쯤엔 한 문장, 한 단어로 정리가 되어 있을지도 모르겠네요. 함께 지켜보기로 하지요.

둘째, 저는 지난 35년 동안 일을 하면서 참 많은 사람을 만났습니다. 별의별 사람이 다 있었습니다. 지나고 보니 크게 두 부류로 나눌 수 있더군요. 꿈이 있는 사람과 없는 사람. 이 둘의 차이가 뭘까요? 사는 모습이 확연하게 다릅니다. 꿈을 가진 사람은 자기 인생을 삽니다. 꿈이 없는 사람은 다른 사람의 인생을 삽니다.

내 삶의 주인으로 사는가, 남의 삶에서 종으로 사는가 하는 문제는 돈의 많고 적음과 관계없습니다. 돈 많은 부자인데도 자기 인생을 못 살고 있는 사람이 태반입니다. 돈 문제가 아니라 꿈의 문제라서 그렇습니다. 꿈이 있는 사람은 꿈을 실현하기 위해 아주 구체적인 행동 계획을 세웁니다. 그리고 계획들을 하나씩 하나씩 실행에 옮깁니다. 꿈을 이루어내는가 아닌가 하는 것보다도 그 과정에서 행복을 느끼는 모습이 참 아름답습니다.

저는 여러분이 꿈이 있는 사람이 되면 좋겠습니다. 이왕이면 제 이야기를 듣는 동안 꿈을 찾고 꿈을 실현하기 위한 계획과 전략을 만들면 좋겠습니다. 꿈을 찾는 과정에서 알게 될 겁니다. 나만의 존재 이유를 찾는 것과 꿈이 어떤 상관관계가 있는지 말입니다.

셋째, 여러분 중에 나중에 기업을 경영하거나 브랜드를

관리할 사람도 있겠지요? 제가 지금까지 기업과 브랜드 컨설팅을 하면서 쌓은 경험으로 보면, 업종이나 회사 크기와 상관없이 '우리 회사, 우리 브랜드가 왜 존재해야 하는가?' 하는 이유를 분명하게 아는 회사와 브랜드는 잘 되었습니다. 반대로 그 이유를 모르는 기업과 브랜드는 거의 대부분 망했습니다.

인적 자원과 기술력, 경영 노하우가 풍부함에도 불구하고 어느 순간 급격하게 쇠퇴하는 대기업을 많이 봅니다. 노키아나 소니처럼, 삼성과 현대자동차도 그럴 가능성이 있습니다. 최근 사례 연구를 보면 대기업일수록, 외부 요인이 아니라 내부 요인으로 갑자기 붕괴합니다. 기업을 한순간에 무너뜨리는 내부 요인 중에 가장 심각한 게 직원이 '내가 여기서 왜 이 일을 하는가?' 하는 것을 잊어버리거나 아예 모르는 겁니다. 심지어 경영진과 오너조차도 '내가 이 회사를 왜 만들었지?'라는 생각을 잊어버리는 것이지요. 기업의 존재 이유가 점점 희미해지거나 없어지기도 합니다. 이렇게 되면 망하고 맙니다. 안에서 새는 바가지는 밖에서도 새기 마련이지요.

이 문제가 실제로 얼마나 심각한지, 앞으로 제가 경험한 사례를 보면서 차차 설명해 드리겠습니다. 이런 연유로 여러분에게 '존재 이유'를 고민하게 하는 겁니다. 한번 생각해 보세요. 자신의 존재 이유를 설명하지 못하는 사람이 어떻게 자기 기업, 자기 브랜드의 존재 이유를 설명할 수 있겠습니까?

넷째, 나는 왜 이 지구라는 별에 존재하는가? 이 질문에 답을 하려면 어쩔 수 없이 여러분은 우주와 대화를 해야 합니다. 우주와 대화를 해본 적 있나요? 아마도 살면서 이런 경험을 제대로 해보지 못했을 겁니다. 공부, 성적, 취업, 불확실한 미래를 고민하고 걱정하느라 밤하늘의 총총한 별을 제대로 볼 시간이나 있었겠어요?

도시의 소리 말고 자연의 소리를 들어본 적이 언제인가요? 바람을 본 적 있나요? 바람이 내 곁을 지나가며 속삭이는 소리를 들어본 적 있나요? 저는 여러분이 이런 경험을 해보면 좋겠습니다. 온몸이 전율하고 탄성이 절로 나오는 경험을 말입니다.

'아, 지금 바람이 저기에서 불어와 여기를 돌아서 내 옆을 지나가는구나!'

바람이 보일 겁니다. 바람이 지나가면서 속삭이는 소리도 들릴 겁니다. 어쩌면 바람의 속삭임에서 '너는 이런저런 이유 때문에 존재하는 거야.' 하고 여러분의 존재 이유를 들을지도 모릅니다. 그러니 한번 해 보세요. 자연과 대화하고, 우주와 대화하는 중에 내 시야와 생각이 우주 끝까지 쫙 뻗어 나가는 게 느껴질 겁니다. 이것이 호연지기(浩然之氣)입니다. 우주를 내 안에 품는 것이지요. 그러면 틀림없이 여러분이 존재하는 이유를 찾을 겁니다.

마지막으로, 존재 이유를 찾다 보면 내 안에 나도 모르는 내가 많다는 것을 알게 됩니다. 지금도 느끼는 사람이 있을 겁니다. 이런 게 밖으로 잘못 드러나면 정신분열증이 되지요. 전문 용어로 '다중인격장애'라고 하던가요? 그래요, 다중이! 그래서 평상시에 내 안에 어떤 내가 얼마나 있는지 알고 있는 게 좋습니다. 이것을 모르면 어느 날 문득 자기도 모르던 자기를 보고 '이게 나였어?' 하고 심한 자괴감에 빠질 수 있습니다.

이참에 내 안에 있는 나를 끄집어내어 한번 세어 보세요. 몇 명이나 있을까요? 셀 때마다 다를지도 모릅니다. 어떤 날은 5명, 어떤 날엔 10명. 그러면서 이 인격체를 내가 만들었는지, 남이 만들었는지 아니면 이게 본래 나인지 한번 점검해 보는 것이지요.

나만의 존재 이유, 이만하면 찾을 만하지요? 제가 장담하건대 놀라움의 연속일 겁니다. 각자가 정말 힘들게 찾았는데 다들 비슷해서 놀라고, 그러다가 '어떻게 저런 생각을 할 수 있지?' 하고 놀랍니다. 그런데 진짜 제대로 찾은 존재 이유는 그것이 무엇이든 다른 사람의 가슴을 뛰게 만듭니다. 탄성이 절로 나옵니다.

이게 세상에 하나밖에 없는 것의 힘입니다. 산길을 걷다가 이름도 모르는 들꽃을 보고 '아~ 이렇게 아름다운 꽃이 세상에 있었구나!' 하는 느낌, 머리가 아닌 가슴으로 전달되는 느낌, 그런 전율이 만들어질 때까지 저와 함께 존재 이유를 찾아봅시다.

숨어 있는 고정관념을 찾는다

그런데 존재 이유를 찾는 것이 새로운 생각을 하는 법과 무슨 관계가 있을까요? 아시아나항공의 사례를 가지고 한번 살펴보겠습니다.

아시아나항공이 동남아 4개 도시(싱가포르, 홍콩, 타이완, 방콕)에 처음 취항하면서 광고를 하게 되었습니다. 외국 광고회사 네 곳을 초청했습니다. 우리 회사는 그중 한 회사의 한국 파트너였습니다. 본사가 싱가포르에 있는 베이티라는 회사였지요.

그런데 베이티는 싱가포르에어라인의 광고를 하고 있어서 직접 참여할 수 없었습니다. 경쟁회사의 광고를 동시에 하지 않는 게 업계의 룰이고 상도였으니까요. 대신 베이티가 한국 파트너인 우리를 추천해서 참여할 수 있었습니다.

당시 우리 회사 이름이 '김앤리(KIM&LEE)'였어요. 당시만 해도 자신의 성을 가지고 회사 이름을 짓는 게 흔치 않았어요. 제가 알기로는 우리나라 광고 역사상 두세 번째일 거예요. 김(KIM)은 제가 아주 존경하는 선배 이름 김병섭에서 따왔고, 리(LEE)는 제 이름에서 따왔지요. 회사를 만든 지 한 달밖에 안 된 때였습니다. 직원도 네 명밖에 없었습니다. 김과 리, 그리고 다른 두 명. 그런데 운 좋게 이 프로젝트에 참여하게 된 겁니다. 아시아나항공이 우리에게 요구한 과제는 대략 이런 내용이었습니다.

아시아나항공이 이번에 동남아 4개국에 취항한다.
주 경쟁자는 코리안에어, 즉 대한항공이다.
우리는 대한민국 국적기로서 대한항공보다 후발 주자이지만 더 좋은 서비스로 고객의 마음을 얻을 계획이다.
특히 우리는 신생 항공사이므로 비행기가 모두 새것이다.

낡은 대한항공 비행기를 타는 것보다
이왕이면 새 비행기로 여행하면 더 안전
하고 쾌적하지 않겠는가?
대한항공 이용 고객을 대상으로 고객 만
족도 조사를 해서, 그 자료를 바탕으로
더 좋은 서비스를 제공할 전략을 수립하
고 있다.
조사 자료를 여러분에게도 제공하겠으
니 참고하라.
우리의 목표는 동남아 고객들이
대한항공 대신 아시아나항공을 이용하
는 것이다.
이 목표를 달성하기 위해 광고 마케팅
아이디어를 제공해 달라.
광고 예산은 200만 불이다.

오리엔테이션을 받는 사람 중에 한국 사람은 저 혼자였습
니다. 오길비(Ogilvy), 제이더블유티(JWT), 디디비(DDB)와 같
은 쟁쟁한 외국 광고회사에서 온 외국 사람들을 보니까 멋
있더군요. 다들 영화배우 같았습니다.

'저런 사람들과 경쟁해서 우리가 이길 수 있을까? 직원이

네 명밖에 안 되는데.'

두려웠습니다. 그때 제 나이가 서른셋이었습니다. 당시 저는 신의 직장이라고 불리던 IBM을 그만두고 나와서 김병섭 선배와 광고회사를 차렸습니다. 회사를 차리자마자 200만 불짜리 프로젝트가 생긴 겁니다. 물론 경쟁이긴 했지만, 그래도 200만 불이면 우리 돈으로 20억 원 정도 됩니다. 1990년대 초였으니 지금으로 치면 300~400억 원 정도 될 겁니다. 굉장히 큰 프로젝트였습니다. 이런 것을 일컬어 천재일우(千載一遇)라고 하는 것이겠지요? 두려웠지만 결코 놓칠 수 없는 프로젝트였습니다. 회사로 돌아와서 칠판에다가 아시아나항공이 요청한 과제를 크게 써 놓았습니다.

서울과 동남아를 오가는 여행객들이 대한항공 대신 아시아나항공을 타게 하려면 어떻게 말해야 하는가?

아시아나항공의 요구는 매우 간단해 보였습니다. 동남아 취항을 앞두고 현지에 내보낼 광고에 대한항공 대신 아시아나항공을 선택할 이유를 담으라는 것이었습니다. 그런데 아시아나항공이 낸 과제가 뭔가 이상하지 않나요? 저는 사실 오리엔테이션을 받을 때부터 느낌이 이상했습니다. 뭔가 잘못된 느낌이 들었습니다. 과제를 잘못 내놓은 것 같았거든요. 오리엔테이션 내내 제 시선을 사로잡은 단어가 하나 있었는데, '대한항공 대신'이라는 말이었습니다.

"동남아에 날아다니는 비행기가 대한항공밖에 없나? 왜 유독 이 사람들은 '대한항공 대신' 아시아나항공을 타게 해달라는 서시? 이상하다."

정말 이상하다고 생각했는데, 오리엔테이션이 끝난 후 질의응답 시간에 의문이 조금씩 풀리더군요. 동남아 항공 시장에 대해 여러 가지 질문과 답변이 오가는데, 거의 모두 이런 식으로 답변하는 겁니다.

"내가 대한항공 출신이라 잘 아는데, 그건 이래요!"

자신이 대한항공 '출신'임을 강조하지 않는 임원이 거의 없었습니다. 모두들 대한항공 출신이라는 것에 자부심을 가지고 있는 듯이 보였지요. 아하, 이래서 그랬구나! 그래서 계속 '대한항공 대신'이라는 말을 강조하는구나. 제가 무엇을 본 걸까요? 제가 보기에 그곳엔 아시아나항공은 없었습니다. 그냥 대한항공만 있을 뿐이었습니다. 아시아나항공은 새로운 항공사를 만드는 게 아니라 또 다른 대한항공을 만들고 있었던 겁니다. 그런데 정작 자신은 몰랐지요. 회사에 돌아와서 직원들과 회의를 하면서 이런 얘기를 했습니다.

"제가 생각할 때 지금 아시아나항공의 가장 시급한 문제는 자신의 정체성을 규정하는 일입니다. 자기가 누군지도 모르고 무조건 대한항공 대신 아시아나항공을 선택하라고 광고하는 게 말이 됩니까? 더 큰 문제는 그 광고를 선택하는 기준이 아시아나항공이 아니라 대한항공의 관점이라는 겁니다. 이게 정리가 안 되면 아시아나항공도 헛돈 날리고, 우리도 엄한 일을 하게 되는 겁니다."

이렇게 방향을 정하고 열심히 프레젠테이션 준비를 했지만 사실 준비하는 내내 걱정이 돼서 잠이 오지 않았습니다. 당신의 관점이 틀렸다고 하는데 기분 좋을 사람이 어디 있겠습니까? 거듭 고민했지만 그냥 정면 돌파하기로 마음먹었습니다.

"여러분께서는 '우리는 대한항공에 이어 두 번째로 동남아시아에 취항하는 대한민국 국적기다'라는 고정관념을 갖고 계십니다."

프레젠테이션 첫 마디에 아시아나항공 임직원은 '아닌 밤중에 홍두깨'라도 맞은 듯 어리둥절한 표정이었습니다. 그리고 곧 '두 번째 취항이 맞는데 무슨 소리를 하는 거야?'라고 묻는 듯 의구심에 가득 찬 눈초리를 보내더군요. 저는 애써 의연하게 설명을 계속 이어갔습니다.

"여러분이 사실이라고 믿고 있는 '두 번째'라는 생각이 바로 고정관념입니다. 두 번째란 첫 번째가 있어야만 존재할 수 있는 개념인데, 대한항공이 기준이죠. 두 번째라는 고정관념이 있는 한, 아시아나항공은 첫 번째 항공사인 대한항공이 있어야만 존재할 수 있는 기업이 됩니다."

그들은 여전히 이해가 되지 않는 듯 고개를 갸우뚱했지만, 저는 개의치 않고 '대한민국 국적기'라는 고정관념에 대해 설명했습니다. '국적기'라는 말은 '대한항공에 이어 두 번째'라는 고정관념을 확실하게 사실로 인식시키는 말입니다. 아시아나항공을 대한민국의 국적기라는 카테고리 안에 넣는 순간, 첫 번째 국적기인 대한항공에 이어 영원히 두 번째일 수밖에 없습니다.

"아시아나항공은 국적기라는 말을 해서는 안 됩니다. 훗날 아시아나항공이 세계적 항공사와 어깨를 나란히 하게 되었을 때 '이렇게 훌륭한 항공사가 대한민국의 항공사였구나!'라는 말이 나올 때까지 국적기라는 말은 그냥 가슴속에 품고 계십시오."

그때 한 임원이 손을 들고 화가 난 듯이 큰 소리로 물었습니다.

"아시아나항공이 두 번째 대한민국 국적기가 아니면 뭐란 말입니까?"

저는 차분하게 대답했습니다.

"네, 아시아나항공은 아시아의 항공사입니다."

'저놈 미친 거 아냐?' 하며 옆 사람과 소곤거리고 술렁이는 사람들 사이로 여전히 의심스러운 눈빛들이 오갔지만, 그들의 고정관념에 조금씩 틈이 생기고 있다는 것을 확실하게 느낄 수 있었습니다.

"아시아나항공은 출발할 때부터 한국이 아닌 아시아에서 최고인 항공사가 되고자 했습니다. 그래서 '아시아나'라는 브랜드가 탄생한 것입니다. 제 말이 틀린가요? 여러분 스스로 만든 이름대로, 아시아나항공은 한국에서 두 번째로 동남아시아에 취항하는 국적기(The second Airline from Korea)가 아니라, 새롭게 탄생한 아시아의 항공사(A New Airline in Asia)인 것입니다."

여기까지 얘기하고 나니까 회의장에 일순간 정적이 흘렀습니다. 숨소리조차 들리지 않는 정적 속에서 전율이 쫙 흘렀습니다. 여기다 대고 한마디 더 했습니다.

"대한민국의 두 번째 국적기(The second Airline from Korea)가 되려면 왜 이름을 아시아나로 지었습니까? 서울항공은 어떻습니까? 이게 더 낫지 않습니까?"

국적기라는 틀 안에서만 생각하면 절대로 아시아의 새로운 항공사가 될 수 없습니다. 이것이 고정관념의 무서운 힘이지요. 프레젠테이션이 끝날 때쯤 회장님이 직접 질문을 했습니다.

"우리가 아시아의 새로운 항공사가 되기 위해서 무엇을 해야 할까요?"

사실 이건 답변이 준비된 질문이었습니다. 바로 대답을 했지요.

"아시아의 새로운 항공사는 단순히 구호로 되는 게 아닙니다. 진짜 아시아의 항공사로 변화하기 위해서 내부의 모든 서비스를 점검해야 합니다. 아시아의 항공사답게 다양한 국적의 승무원을 채용하고, 아시아의 여러 문화를 고려한 서비스를 개발하고, 직원 교육도 뒤따라야 합니다."

회장님은 연신 고개를 끄덕였지만, 현장의 임원들은 눈에 띌 정도로 표정이 딱딱하게 굳어지고 있었습니다. 그도 그럴 것이 동남아시아 취항이 3개월 정도밖에 남지 않은 데다가, 승무원 채용도 한국인 위주로 모두 마친 상태였거든요. 제 말대로 한다 해도 시간이 절대 부족한 상황이었습니다. 한마디로 제가 실현 불가능한 얘기를 하고 있었던 겁니다. 이렇게 아시아나항공 프레젠테이션은 끝났습니다. 결과가 어떻게 되었을까요?

"취항을 좀 미룹시다."

회장님의 결단으로 아시아나항공은 동남아시아 취항 일정을 미뤘습니다. 승무원 채용 등에도 우리 의견을 적극 반영해서 취항 준비를 다시 했습니다. 200만 불짜리 프로젝트를 우리가 딴 것입니다. 우리는 아시아나항공이 홍콩, 대만, 싱가포르, 방콕 등 4개국 취항지에 지사를 세울 때마다 함께 다니며 김앤리 해외지사를 만들고, 현지 광고와 마케팅 프로모션을 총괄했습니다.

나중에 보니까 우리와 경쟁했던 외국 광고회사들은 모두 '대한항공보다 친절하고 편안한 서비스', '가족처럼 모시는 서비스', '새로운 기종의 안전한 서비스'라는 광고 콘셉트를 제시했더군요. 그들도 '아시아나항공은 대한항공 다음으로 동남아시아에 취항하는 항공사'라는 고정관념을 벗어나지 못했습니다. 그러니 해결책이라고 제시한 아이디어가 그 밥에 그 나물이 된 겁니다. 이렇게 해서 생긴 지 두 달 밖에 안 된, 직원이 네 명밖에 안 되는 회사가 그 쟁쟁한 다국적 광고회사들을 제치고 승리를 거머쥐었습니다.

이 프로젝트는 아주 특별한 의미가 있습니다. 국내 광고회사가 한국 기업의 해외 광고를 직접 제작하고 캠페인을 진행한 최초 사례였으니까요. 당시 동남아 4개 도시에 지사를 둔 광고회사도 김앤리가 유일했습니다. 어떻습니까? 이 정도면 우리나라 광고 역사에 기록될 만하지 않나요? 더 얘기하면 제 자랑 같으니 이쯤하고 지금까지 한 이야기를 정리해 보겠습니다.

대한민국 국적기라는 고정관념이 있는 한
아시아나항공은 첫 번째 국적기인 대한항공에 이어
영원히 두 번째일 수밖에 없다.
아시아나항공은 국적기가 아니라
새롭게 탄생한 아시아의 항공사다.

고정관념이 없으면 묘함을 본다

문제를 만났을 때 가장 먼저 해야 할 일이 무엇일까요? 그 문제를 어떤 말로 규정하는지, 그 말에 어떤 고정관념이 숨어 있는지 찾는 것입니다. 고정관념은 문제의 본질을 가리는 어둠의 장막과 같습니다. 그것을 걷어내지 않으면 문제의 민낯을 볼 수 없습니다. 똑같은 문제를 놓고 고정관념이 있을 때와 고정관념이 없을 때의 해결책은 서로 완전히 다릅니다. 아시아나항공을 아시아의 항공사로 볼 것인가, 한국의 두 번째 항공사로 볼 것인가 하는 차이가 발생하는 것입니다. 노자가 《도덕경》 1장에 "이 둘은 같은 것인데, 나오면서 다른 이름을 가졌다(**此兩者 同出而異名**)."고 한 것이 이런 경우입니다.

무슨 말일까요? 아시아나항공 사례로 설명해 보겠습니다. '아시아의 항공사'와 '한국의 두 번째 항공사'는 완전히 다른 이름입니다. 그런데 알고 보면 이 두 이름은 '아시아나항공'이라는 한 이름에서 나왔습니다. 결국 이 두 개는 같습니다. 같은 것인데 세상에 나오면서 다른 이름이 각각 붙은 겁니다.

누가 붙인 걸까요? 사람이 붙였지요. 하나는 이용찬이 붙였고 다른 하나는 아시아나항공 사람들이 붙였습니다. 그런데 어떻게 다른 이름을 붙였을까요? 《도덕경》 1장에 있는 "무욕이면 묘함을 본다(無欲以觀其妙무욕이관기묘)"라는 말처럼, 무욕 상태인 쪽만 묘함을 본 것입니다.

무욕을 다른 말로 하면 고정관념이 없다는 것입니다. 아시아나항공 사람들은 대한항공 같은 항공사를 만들어야 한다는 욕(欲), 즉 고정관념이 있었습니다. 자신이 일했던 대한항공 때문에 자신도 모르게 고정관념이 생겼던 겁니다. 대한항공 때문에 아시아나항공에 '한국의 두 번째 항공사'라는 이름을 붙였던 것이죠. 이때 노자의 가르침을 따라 고정관념 없이 아시아나항공을 보면 묘안이 생깁니다. 아시아의 항공사로 나아가는 길이지요.

그럼 어떻게 고정관념 없이 아시아나항공을 볼 수 있을까요? 답은《도덕경》2장에 있습니다. 여러분도 앞으로 느끼겠지만 보면 볼수록 신기한 게《도덕경》입니다. 노자는 "이게 도(道)다!" 하고 툭 던지고 마는 분이 아닙니다. 어떻게 하면 도를 찾고 얻을 수 있는지 친절하게 방법을 가르쳐 주려고 애쓴 양반이지요.

이렇게 한번 질문해 볼까요? 아시아나항공의 임원들은 왜 고정관념을 갖고 아시아나항공을 보았을까요? 앞에서도 이야기했듯이, 그들은 대부분 대한항공에서 스카우트되어 온 사람들입니다. 대한항공에서 일하지 않았다면 아시아나항공에도 없었겠지요. 즉, 아시아나항공에 그들이 존재하는 이유가 대한항공에 있었기 때문입니다. 그들의 존재 이유는 한마디로 '대한항공'이었던 겁니다.

아시아나항공에서 그들이 주로 한 일이 무엇일까요? 가르치는 일입니다. 자신이 배우고 익힌 지식과 경험을 아시아나항공 직원에게 전수하는 것이지요. 이것이 또 다른 존재 이유입니다. 그런데 그들이 전수하는 지식과 경험은 어디서 나온 걸까요? 대한항공입니다. 가르치는 사람은 당연히 자기 지식이 옳다고 생각합니다. 이게 맞나 하고 머뭇거리면 사람 잘못 뽑았다고 소문나서 자리가 위태로워질지도 모릅니다. 그래서 항상 자기 말이 옳다고 강조합니다. 바꿔 말하면, 대한항공에서 제대로 배웠다는 걸 분명하게 알리려고 하는 겁니다.

자, 또 대한항공 이야기가 나오네요. 이런 사람이 한두 명만 있어도 문제가 생기는데, 아시아나항공의 요직에 있는 임직원이 대부분 대한항공 출신이었습니다. 그들이 한 목소리로 "항공사는 이렇게 일하는 게 옳다!"고 하면 그게 옳은 게 되는 겁니다. "승무원은 이렇게 하는 게 아름다운 거야!"라고 하면 그것이 아름다움의 기준이 되었지요.

이것이 과연 제대로 된 상황일까요? 그들은 아시아나항공에서 옳고 아름다운 것을 말한 건가요? 아니면 대한항공에서 옳고 아름다운 것을 말한 건가요? 더 안타까운 건 그분들은 절대로 아시아나항공을 대한항공처럼 만들겠다고 생각하지 않았다는 겁니다. 누가 그런 바보 같은 마음을 품겠어요? 그런데 결과적으로는 그렇게 하고 있었던 겁니다. 참 희한하지요? 이런 일이 계속되면 회사는 망합니다. 짝퉁이 잘되는 걸 본 적 있습니까?

지금까지 이야기가 《도덕경》 2장 머리글의 내용입니다. 사람들이 모두 아름다움을 안다 하고 그 아름다움을 추구하고 살아가지만, 그것은 아름다운 게 아니라 오히려 추하다(天下皆知美之爲美 천하개지미지위미 斯惡已 사악이). 다들 이게 옳다고 하고 그렇게 사는 게 올바른 삶이라고 여기지만 그런 삶은 결코 옳은 게 아니다(皆知善之爲善 개지선지위선 斯不善已

다들 그것이 아름답다고 하면 그렇게 알고 따라합니다. 그렇게 되고 싶어서입니다. 아름답다는 말에 앞뒤 안 가리고 덤비는 겁니다. 말의 힘에 지배당하는 것이지요. 아시아나항공의 승무원은 유니폼만 다를 뿐, 대한항공의 승무원과 똑같은 말·행동·태도 교육을 받았습니다. 노자가 이 대목에서 일갈합니다.

"그게 아름다운 거냐? 내 보기엔 추하고 나쁘다."

회사가 망하는 짓인데 어떻게 아름답다고 할 수 있겠어요. 이 문제를 해결하려면 어떻게 해야 할까요? 잘못된 말을 고쳐야 합니다. 처음부터 이렇게 말했어야 합니다.

"내가 일했던 대한항공에서는 이렇게 하라고 승무원 교육을 했는데, 우리 아시아나는 어떻게 하는 게 좋을까요? 어떻게 하면 우리다운 승무원이 될 수 있을까요?"

어떤가요? 이런 식으로 아시아나항공의 임직원들이 소통했다면 '대한항공 대신'이라는 과제도 안 냈을 것이고, 제가 기업의 정체성이 뭐냐고 문제 제기도 하지 않았을 겁니다. 회사를 시작할 때부터 '아시아의 새로운 항공사'가 되기 위해 탄탄한 전략을 세우고 실행했겠지요.

말 한마디를 바꾸면 지옥이 천당 되고, 천당이 지옥 됩니다. 세상의 모든 문제가 말에서 시작합니다. 아는 말도 다시 보고 써야 합니다. 이것이 노자가 "사람들이 모두 아름다움을 안다 하고 그 아름다움을 추구하고 살아가지만, 그것은 아름다운 게 아니라 오히려 추한 것이다. 다들 이게 옳다고 하고 그렇게 사는 게 올바른 삶이라고 여기지만 그런 삶은 결코 옳은 게 아니다."라고 한 말의 뜻입니다.

아시아나항공 사례를 간단하게 정리해 봅시다. 문제가 어디서 시작되었나요? 아시아나 사람들이 가진 고정관념이었습니다. 그 고정관념은 어디에서 비롯되었습니까? 대한항공을 의식하는 욕(欲)에서 비롯되었습니다. 고정관념이 무슨 문제를 만들었던가요? 아시아나항공의 존재 이유를 오도했습니다. 간단하지요?

제가 보기에 새로운 생각의 핵심 단어는 세 개입니다. 이름, 존재 이유, 고정관념. 이 세 단어를 머릿속에 확실하게 넣어두세요. 길 가다 누가 툭 치면 자동적으로 "이름! 존재 이유! 고정관념!" 이렇게 튀어나오도록 말입니다. 웃을 때도 머릿속에 '이름, 존재 이유, 고정관념' 이 세 단어가 있어야 합니다. 그러면 행복한 인생을 살게 됩니다. 세상의 모든 문제는 이 세 단어에서 비롯되기 때문에 이것만 잘 다루면 웬만한 문제는 다 풀 수 있습니다. 이 정도면 하수, 중수, 고수 중에 '중수'는 됩니다. 고수가 되려면 여기에 한 가지가 더 필요합니다. 남들에겐 없는 비장의 무기! 그것이 뭘까요?

아시아나항공의 존재 이유를 어떻게 찾았는지 생각해 보세요. "무욕으로 만물을 대하라, 그리하면 묘함을 볼 것이다(無欲以觀其妙)"라고 한 노자의 가르침을 따랐더니 '아시아의 새로운 항공사'라는 이름이 보였지요, 그렇습니다. 지금 우리가 배우는 노자의 가르침 중에 '무욕'이 고수가 되는 데 필요한 비장의 무기입니다.

이제 마지막으로 우리가 어떻게 하면 무욕으로 만물을 대할 수 있는지 이야기해 봅시다. 저는 무욕(無欲)을 한번 이루어보겠다고 주변의 사물을 볼 때 이름을 떠올리지 않는 훈련을 했어요. 이 훈련 방법이 바로 불가에서 하는 선수행입니다. '모른다' 뭘 봐도 '모른다' 이 한 가지 생각만 하는 거예요. 묵언수행이라고 들어봤나요? 말을 안 하는 건데, 아무것도 모른다고 생각하니 말을 못하는 것이지요. 어떤 스님은 평생 묵언하시는 분도 있어요. 왜일까요? 첫 번째는 인간의 말이 항상 부족해서 진리를 담을 수 없어서예요. 두 번

새로운 생각의 핵심 단어는
이름, 존재 이유, 고정관념, 이 세 개다.
세상의 모든 문제는 이 세 단어에서 비롯된다.

이름

존재
이유

고정
관념

째는 말에 붙어 있는 고정관념이 욕을 만들어내고, 이 고정 관념이 세상의 온갖 고뇌와 문제를 만들어내기 때문입니다. 그래서 그런지, 옛날 고승 중에는 무명(無名)이라는 법명을 가진 분들이 많아요.

사실 노자의 생각도 이것과 크게 다르지 않은 것 같습니다. 내가 옳은 말을 해도 상대방이 잘못 알아듣고 잘못 행해서 문제가 생기면, 결국 말한 내가 문제를 만든 거잖아요. 그래서 《도덕경》 2장에서 "성인은 말하지 말고 행동으로 전하고 가르친다(聖人行不言之敎성인행불언지교)"라고 하신 겁니다. 그러면 우리도 문제를 만들지 않으려고 평생 말을 안 하고 살아야 할까요? 이런 질문을 하면 노자가 뭐라고 답할까요?

"누가 너보고 그러라고 했어? 그건 나 같은 성인이나 하는 것이고 너희 같은 일반인은 내가 가르쳐주는 대로 말하고 살면 돼, 그러면 서로 싸우지 않고 잘 살 수 있을 거다."

웃자고 하는 소리가 아닙니다. 이것이 노자 《도덕경》의 핵심 내용이에요. 그리고 이런 노자의 핵심 사상이 가장 잘 담겨 있는 구절이 바로 이 부분입니다.

유와 무는 함께 있다
有無相生유무상생

어려움과 쉬움은 상대적으로 이루어지며
難易相成난이상성

길고 짧음은 서로 비교가 된 것이고
長短相較장단상교

높고 낮음은 상대적인 것이며
高下相傾고하상경

음악과 소음은 서로 어울려 울리는 것이고
音聲相和음성상화

앞과 뒤는 같이 붙어다니는 것이다
前後相隨전후상수

"내가 너희들이 말하는 걸 가만히 보니까 말(言) 중에 이런 단어만 들어가면 문제가 생기더라. 싸우고 전쟁하고 죽고 굶주리고 불행해지고. 그중에 가장 심각하다 싶은 단어를 골라봤더니 이거더라."

유무(有無), 난이(難易), 장단(長短),
고하(高下), 음성(音聲), 전후(前後)

"세상의 모든 문제가 이 말들에서 비롯되더구나. 있다 없다 가지고 싸우고, 어렵다 쉽다 가지고 다투고, 길다 짧다 가지고 먹살잡이하고, 높은 자리에 있다고 아래 사람들 짓밟고, 음악 소리는 좋고 백성의 소리는 시끄럽고, 앞서가는 자는 승자고 뒤에 가는 자는 패자고. 이렇게 하나는 좋고 하나는 나쁘다고 딱 구분해 놓고 너도나도 좋은 것을 취하려고 한쪽으로 몰려가서 아귀다툼을 벌이고 있구나. 이 사람들아, 세상을 한번 제대로 보아라! 이 세상 천지에 있음과 없음이 어찌 따로 따로 있더냐? 없음이 있어야 있음이 있고, 있음이 있어야 없음이 있지 않으냐. 없음이 없는데 어찌 있음이 있으며, 있음이 없는데 어찌 없음이 있겠느냐? 그러니 있음이 없음을 낳고 없음이 있음을 낳는 것이니, 있고 없음은 따로 따로 있는 것이 아니라 동시에 함께 있는 것이다. 이것이 세상의 이치다. 그러니 있음은 좋고 없음은 나쁘고 하는 따위의 말은 아예 입에 담아서는 아니 될 것이다. 유(有)와 무(無)는 따로 있어 대립하는 것이 아니라 상생(相生)하는 것이다."

노자는 유(有)와 무(無)를 다르게 여기고 다투는 사람들에게 "아니야! 유무는 상생이야, 그러니 다툴 이유가 없지 않니?"라고 말한 것입니다. 유무상생, 이 말은 세상에서 다툼과 전쟁을 사라지게 하는 말입니다. 그래서 노자가 위대한 것이지요.

그렇다면 유와 무가 대립하는 세상과 유와 무가 상생하는 세상은 실제로 뭐가 다를까요? 돈이 있어야 하고, 권력이 있어야 하고, 집이 있어야 하고, 차가 있어야 하고, 그래서 이런 것들이 있게 하기 위해 나는 오늘도 경쟁에서 이겨야 합니다. 나가자, 싸우자, 이기자! 이런 세상이 유와 무가 대립하는 세상입니다.

　돈이 있는 자는 돈이 없는 자가 있음으로 존재하는 것이니 없는 자에게 감사하며 베풀어주고, 권력이 있는 자는 권력이 없는 자가 있기 때문에 존재하는 것이니 없는 자를 위해 있는 권력을 사용하고, 내가 집이 있으면 누군가는 집이 없는 것이니 집이 없는 사람들과 함께 나누며 살고, 차도 회사도 국가도 세상 만물이 다 이러한 이치로 서로 존재합니다. 이런 세상이 유무상생의 세상이지요.

　유와 무가 대립하는 세상은 경쟁과 전쟁이 끊이지 않는 세상입니다. 반대로 유무상생의 세상은 서로가 서로를 위하기에 다툼과 전쟁이 없는 평화로운 세상이지요. 여러분은 어떤 세상에 살고 싶은가요? 유무상생의 세상에 살고 싶은데 이런 세상은 상상 속에나 있을 법하니 비현실적인 바람은 갖지 않겠다고요? 과연 그럴까요? 만약에 여러분이 직접 유무상생의 세상을 만들 수 있다면 어떻게 하겠습니까? 어떻게 그럴 수 있냐고요? 말도 안 되는 소리 하지 말라고요?

아니요, 가능합니다. 너무나 간단하게 유무상생의 세상을 만들 수 있습니다. 그냥 말하면 됩니다. 유무상생이라고요. 유와 무가 아니라 유무상생이라고 말하면 되는 것이지요. 언제 어디서 무엇을 보고 어떤 일을 하든 유무상생을 떠올리고 말하세요. 그러면 유무상생의 세상이 만들어집니다.

돈을 보고 있고 없음을 말하는 자는 유와 무가 대립하는 세상을 만들어 그 세상에서 살아가는 것이고, 같은 돈을 보고도 유무상생을 말하는 자는 유무상생의 세상을 만들어 그 세상을 살아가는 것입니다. 그러니까 지금 이 세상에는 유와 무가 대립하는 세상과 유무상생의 세상이 동시에 존재하고 있는 것이지요. 말에 의해서 말입니다. 노자가 지금 우리에게 이 말을 하는 겁니다.

"네가 지금까지 유와 무를 말하며 유와 무가 대립하는 세상을 만들며 살아왔는데, 이제부터 유무상생을 말하며 유무상생의 세상을 만들고 살아가라. 그러면 전쟁이 없는 새로운 세상이 시작될 것이다."

말 한마디로 세상을 만들고 바꾸는 겁니다. 그래서 노자가 《도덕경》 1장에서 이런 말을 한 겁니다.

이름이 없으면 세상의 시작이요,

無名天地之始무명천지지시

이름이 있으면 만물의 모태라
有名萬物之母유명만물지모

세상은 말로 만들어집니다. 물론 인간에게만 그렇지요. 말로 만들어진 세상이 있고, 말이 없는 원래 세상이 있습니다. 무명의 세상이 있고 유명의 세상이 있지요. 이 둘은 사실 같은 것입니다. 같은 것인데 사람의 말로 다른 것처럼 보일 뿐입니다. 인간의 말이 만들어낸 묘한 현상이지요.

자, 이제 정리해 봅시다. 세상은 말로 만들어집니다. 유명 (有名)이 만물지모(萬物之母)입니다. 세상의 다툼과 전쟁도 결국 말 때문에 비롯됩니다. 노자가 다툼을 만드는 이름들을 골라보니 바로 유무(有無), 난이(難易), 장단(長短), 고하(高下), 음성(音聲), 전후(前後)라는 놈들이었지요. 사람들이 이 이름들을 말하면서 경쟁과 전쟁이 끊이지 않는 세상을 만들고 있었습니다. 그래서 노자가 빅 아이디어를 냈지요.

"이제부터 유무(有無)라고 말하지 말고 유무상생(有無相生)이라고 말하라. 난이(難易)라고 말하지 말고 난이상성(難易相成)이라고 말하라. 장단(長短)이라고 말하지 말고 장단상교(長短相較)라고 말하라. 고하(高下)라고 말하지 말고 고하상경(高下相傾)이라고 말하라. 음성(音聲)이라고 말하지 말고 음성

상화(音聲相和)라고 말하라. 전후(前後)라고 말하지 말고 전후상수(前後相隨)라고 말하라. 그러면 전쟁 없는 세상이 만들어질 것이다. 유명(有名)이면 만물지모(萬物之母)니라."

노자는 이런 대단한 생각을 어떻게 했을까요? 자연에서 유무상생의 아이디어를 얻은 것입니다. 노자가 가만히 자연을 보니 결코 멈춤이라는 게 없었습니다. 끊임없이 변화했지요. 그리고 그 변화는 아무렇게나 일어나는 게 아니었습니다. 이치에 따라 계속 순환하는 변화였습니다. 낮이 지나면 밤이 되고 밤이 지나면 낮이 되고, 봄이 지나면 여름이 오고 여름이 지나면 가을이 오고 가을이 지나면 겨울이 오고 겨울이 지나면 다시 봄이 오고, 봄이 오면 아무것도 없었던 땅에서 새싹들이 생겨나고 꽃이 피고 열매를 맺었다가 겨울이 되면 다시 또 없어지고. 자연은 있음과 없음의 끝없는 반복이었습니다.

유무상생은 노자가 세상을 보는 방법을 한마디로 설명합니다. 다른 사람이 못 보는 묘한 세상을 보는 노자만의 노하우지요. 고정관념에 사로잡히고, 새로운 생각을 못하는 것은 유와 무가 같이 있음을 보지 못하고 한쪽으로만 보고 있기 때문입니다. 유무상생을 알면 남들이 못 보는 문제의 본질을 볼 수 있습니다. 언제 어디서 무엇을 보고 어떤 일을 하든 유무상생을 떠올리세요. 그러면 유와 무가 같이 있음을 볼 수 있습니다.

여러분도 노자가 세상을 보는 법대로 훈련을 할 수 있습니다. 제가 해보니까 두 가지 훈련방법이 있는 것 같습니다. 하나는 무명(無名) 훈련이고 또 하나는 유명(有名) 훈련입니다. 물론 이건 제가 그냥 붙인 이름입니다.

무명(無名) 훈련은 불가에서 어깨너머로 배운 '모른다' 하는 훈련입니다. 그런데 이 방법은 시간이 좀 필요합니다. 뭘 봐도 이름이 안 떠오르는 수준까지 가는 데 시간이 많이 걸리지요. 평생 하겠다는 각오를 해야 합니다. 그래서 제가 여러분에게 권하는 방법은 따로 있습니다. 바로 유명(有名) 훈련입니다. 무명(無名) 훈련에 비해 매우 단순하고 효과도 금방 느낄 수 있습니다. 어찌 보면 이 방법이 노자에 더 가까운 것 같아요.

먼저 '우리가 보고 느끼는 것은 모두 이름이다'라는 생각을 하는 겁니다. 이름으로 세상 만물을 대하는 것이지요. 아주 간단합니다. 한번 해볼까요?

여기 책상이 있습니다. 지금까지는 '책상이 있구나' 이렇게 생각을 했지만, 이제부터는 '책상이라는 이름을 가진 무엇이 있구나'라고 생각해 보세요. 완전히 느낌이 다르지요? 생활하면서 주변에 만나는 모든 것들을 이런 식으로 생각해 보는 겁니다. 나무를 보면 '나무라는 이름을 가진 그 무엇을 내가 보고 있구나', 친구 아무개를 만나면 '아무개라는 이름을 가진 어떤 인간을 내가 만나고 있구나', 이렇게 생각을 하는 겁니다.

느낌도 마찬가지예요. 밥 먹다가 '맛있다!'는 느낌이 들면 '내가 지금 맛있다는 이름의 느낌을 느끼고 있구나!'라고 생각하는 겁니다. 공부하다 졸리면 '아, 내가 지금 졸음이라는 이름의 그 무엇에 들어가고 있구나!' 이렇게 생각하면 돼요. 길을 걷는데 시원한 바람이 불면 바람이라는 이름의 그 무엇이 내 곁을 지나가고 있구나, 그리고 이것이 시원하다는 이름의 어떤 느낌을 주고 있다고 생각을 하는 것이지요. 화가 나면 어떻게 하면 될까요? '화라는 이름의 그 무엇이 나를 감싸고 있구나', 이렇게 생각을 하는 겁니다. 매 순간 이런 훈련을 하면 무슨 일이 벌어질까요?

세상의 모든 것과 이름이 분리되는 것이 느껴집니다. 심지어 나만의 것이라고 생각하고 있는 느낌까지도 이름으로부터 분리할 수 있어요. 그것과 그것의 이름이 따로 보이고 따로 느껴지는 것이지요. 직접 겪어보면 알겠지만 이건 정말 놀라운 경험입니다. 이렇게 되면 비로소 노자의 말이 무슨 뜻인지 확실히 알게 됩니다. 아하! 이게 유명(有名)이 만물지모(萬物之母)로구나! 그러면서 자연스럽게 깨달음이 생깁니다.

"내가 알고 있었던 것이 모두 이름이었구나! 그것을 알고 있는 게 아니라 그것의 이름을 알고 있었구나!"

당연히 내 앎이 불완전하다는 걸 깨닫게 되겠지요? 내가 아는 게 별로 없구나, 내가 부지(不知)하였구나, 내가 아는 척하고 살았구나, 이게 노자가 말하는 지부지상(知不知上)의 경지입니다. 모른다는 것을 아는 게 가장 좋습니다.

제가 이 훈련을 하면서 좋았던 것은 어느 순간부터 스스로 감정 컨트롤이 되었다는 점입니다. 전에는 극도로 화가 나면 스스로를 주체할 수 없었는데, 이 훈련을 한 후부터 조절이 가능해졌습니다. 화가 나면 순간적으로 '아하, 내가 지금 이만큼 화가 나 있구나' 하고 '화가 나 있는 나'와 '본래의 나'를 분리했습니다. 저 자신을 객관적으로 보는 연습을 한 것이지요. 그러면서 이번엔 이만큼만 하자고 크기를 조절하게 되었습니다.

기쁜 것도 마찬가지고 슬픈 것도 마찬가지입니다. 두려움이나 걱정도 내가 스스로 조절할 수 있게 됩니다. 감정이 나를 통제하는 게 아니라 내가 감정을 통제하고 지배하는 것이지요. 이렇게 이것과 이것의 이름을 떨어뜨려 보면 전에 없던 재미있는 현상이 생깁니다. 우선 가장 먼저 질문이 많아집니다.

"그럼 이게 뭐지? 왜 사람들은 이런 이름을 붙였을까?"

이런 질문들이 끝없이 일어납니다. 이게 뭐지? 왜? 세상 모든 것에 이런 질문들을 하는 겁니다. 그전에 없던 새로운 습관이 생기는 것이지요. 이런 습관이 생겼다는 게 무엇을 의미하느냐 하면, 자신도 모르게 이름이 가지고 있는 고정관념으로부터 자유로워진다는 겁니다. 고정관념에서 벗어나려고 애를 써서 자유로워진 게 아니라 그냥 자연스럽게 자유로워지는 것이지요. 왜 이렇게 되는 건지 조금 더 보충 설명을 해드리겠습니다.

"이건 뭐야?"

"왜?"

이런 질문, 어디서 많이 들어본 것 같지 않나요? 사실은 우리가 어려서 말 배우기 시작할 때 부모님에게 수도 없이 했던 질문입니다. 부모님들이 이 질문 때문에 얼마나 힘들었는지 아시나요? 저도 아이가 태어나서 말을 배우기 시작했을 때 똑같은 경험을 했습니다. 아이가 주변에 보이는 것들은 무조건 물어보는 거예요.

"이게 뭐야?"

"응, 이건 텔레비전이야."

"왜?"

아니 텔레비전이 텔레비전이니까 텔레비전이지 왜 텔레비전이냐니요? 마땅한 답을 못 찾고 있다가 이렇게 대답했습니다.

"이건 그냥 텔레비전이야."

"왜?"

이런 대화가 한 시간씩 계속된다고 생각해 보세요. 하루 종일 세상 일에 시달리다 집에 온 저는 어떻겠어요? 콱 쥐어박고 싶지만 그래도 내 새끼니까 꾹꾹 참을 수밖에 없었지요. 제 아이만 이랬던 건 아닐 겁니다. 여러분도 부모님께 똑같이 물어봤을 거예요.

그런데 아이는 도대체 왜 "왜?"라고 질문하는 걸까요? 아이의 머릿속에는 텔레비전이라는 이름이 없기 때문입니다. 이런 아이에게 고정관념이라는 게 있을까요? 아이에게는 이름도 없고 고정관념도 없습니다. 그래서 끊임없이 "이게 뭐야? 왜?"라는 질문을 하는 것이지요. 여러분이 아이 같은 질문을 한다는 것은 머릿속에 이름도 없고 고정관념도 없다는 것을 뜻합니다.

그래서 예부터 성인들을 가리켜 어린아이와 같은 순수한 마음을 가졌다고 했습니다. 그런 경지까지는 못 간다 하더라도 어쨌든 아이처럼 "이게 뭐야? 왜?"라는 질문을 하는 습관이 생긴다는 것은 대단한 겁니다. 왜냐하면, 드디어 그것의 새로운 면, 그동안 고정관념에 가려서 보지 못하고 있던 면을 보게 되었다는 의미거든요. 이것이 바로 발견이고 발명이고 통찰입니다.

노자의 어법으로 얘기하면 그동안 유(有)면 유(有), 무(無)면 무(無), 이렇게 한쪽 면만 보고 그것이 전부인 줄 알고 있다가 유(有) 안에 무(無)가 함께 있고 무(無) 안에 유(有)가 함께 있는 것을 보게 된 것이지요. 만물의 양쪽 면을 동시에 보는 안목이 생겼다는 뜻입니다. 드디어 유무상생(有無相生)의 세상을 보게 된 것이고요. 묘함을 보는(觀其妙 관기묘) 겁니다. 새로움이 시작되는 것이지요. 그래서 노자가 이렇게 말했습니다.

"이름이 없으면, 세상의 시작이라(無名天地之始 무명천지지시)."

우리는 지금 노자의 비법을 전수받았습니다. 이제부터 우리도 세상의 묘함을 볼 수 있습니다. 유무상생, 이것을 알면 완전히 새롭고 다른 것을 볼 수 있습니다.

하지 않음
으로써
새로움을
만 든 다

是以聖人處無爲之事

行不言之教

아무것도 하지 않는데 일이 된다.

말을 하지도 않고 가르친다.

是以聖人處無爲之事

行不言之教

《도덕경》 2장

노자는 우리의 생각과는 정반대의 이야기를 할 때가 있습니다. 그중 하나가 "바른 말은 진실에 반대되는 것과 같다(正言若反 정언약반, 《도덕경》 78장)"라는 말입니다. 바른 말은 반대로 들리는 법이라는 뜻입니다. 왜냐하면 도는 반대 방향으로 움직이니까요(反者道之動 반자도지동, 《도덕경》 40장). 그런데 도가 진짜 반대 방향으로 움직이는 걸까요? 도가 그런 게 아니고 인간이 보기에 그렇다는 겁니다. 도는 항상 바르게 움직이는데 인간의 관점으로 보면 반대로 움직이는 것처럼 보인다는 것이지요.

　그래서 도가 담겨 있는 바른 소리도 바르지 않게 들리는 겁니다. 그러니까 노자에 따르면 인간의 생각과 말과 행위가 도의 반대쪽에 있는 겁니다. 물론, 인간의 모든 행위가 그렇다는 게 아니라 일부가 그렇다는 것입니다.

이런 도의 반대쪽에 있는 인간의 행위를 없게 하라는 게 노자의 무위(無爲)입니다. 그리고 그런 무위로 일을 하는 것을 무위지사(無爲之事)라고 노자가 명명한 것입니다. 이게 그 유명한 노자의 무위와 무위지사의 의미입니다. 오늘은 무위지사로 새로운 생각을 만든 사례를 하나 공부해 봅시다.

오리온의 예감 사례입니다. 오리온에서 새로운 크래커를 하나 개발했습니다. 경쟁사인 롯데에서 팔고 있는 제크를 견제하기 위해서였습니다. 몇 년 전 롯데가 제크라는 크래커를 내놓았는데 대박을 쳤습니다. 월 30억 원 이상 팔리고 있었거든요. 다른 회사 크래커를 다 합해봐야 월 20억 원 정도 팔고 있었으니까 제크 하나가 크래커 시장을 완전히 장악한 셈이지요.

제크의 독주를 어떻게 막을까 고민하던 오리온은 크래커의 주 원료인 밀가루 대신 감자 전분을 사용해서 크래커를 개발하는 데 성공했습니다. 드디어 제크와 차별화된 신제품이 탄생한 겁니다. 그리고 절 찾아왔습니다. 감자로 만든 크래커, 예감의 광고를 만들어 달라고 했습니다.

"이름이 왜 예감입니까?"

"오우 '예! 감자야!'라는 말을 줄여서 '예!감'으로 지었습니다."

이름을 들었을 때부터 예감이 별로 안 좋았습니다. 일단 제크와 싸우겠다는 발상부터 별로 마음에 안 들었지요. 불편했습니다. 과자 시장에서 월 30억 원짜리 브랜드는 지금도 굉장히 드뭅니다. 이런 브랜드는 그야말로 대박이 난 브랜드거든요. 소비자로부터 충분히 검증받고 그리고 열렬히 사랑받고 있는 브랜드라는 의미입니다. 별다른 불만이 없다는 뜻이지요. 한마디로 당분간 난공불락이라는 말입니다.

이런 브랜드와 정면승부를 하겠다는 건 결코 좋은 생각이 못 됩니다. 그래서 어떻게 싸워서 이기겠다는 거냐고 물어봤더니 요즘 소비자들이 밀가루보다 감자가 더 건강에 좋다는 것을 모두 알고 있다는 겁니다. 자기들이 조사해 봤대요. 감자가 좋은지, 밀가루가 좋은지 물어봤더니 감자가 좋다고 다들 그랬다고 합니다. 그러니까 이걸 감자로 만들었다는 얘기만 잘 전달해 주면 잘 팔릴 거라는 말이었습니다.

'감자로 밀가루와 싸우겠다고? 그럼 이제 밀가루로 만든 과자는 다 망하는 건가? 오리온 과자 대부분은 밀가루로 만들었는데 다 감자로 바꿀 생각인가?'

그럴 것 같지는 않고 고개를 갸우뚱하면서 제품을 가만히 보니까 이건 아무리 봐도 모양새가 크래커가 아니고 감자칩처럼 생겼더라고요. 그래서 물어봤습니다.

"이게 왜 크래커입니까?"

"크래커 만드는 생산 라인에서 만들었으니까 당연히 크래커지요. 크래커 라인에 있는 오븐에서 감자 전분을 구워서 만들었으니까요."

"크래커 라인에서 만들면 다 크래커인가요?"

"네."

이 말을 듣는 순간 노자의 말씀이 생각났어요. "사람들이 다 선이라고 하니 선이다 하는 것은 불선이다(皆知善之爲善 斯不善己)." 크래커 라인에서 만들었으니 당연히 크래커라고 말하는 건 불선이지요.

'이놈이 크래커가 아닐 수도 있겠구나! 그러면 이놈을 뭐라고 하지?'

고민하다가 '그래, 감자칩으로 하자'고 생각했어요. 누가 봐도 감자칩처럼 생겼잖아요?

"크래커가 아니고 감자칩이라고 합시다!"

크래커 시장은 기껏해야 연 500억 원 규모지만, 감자칩 시장은 당시에 규모가 이미 3,000억 원을 넘어서고 있었습니다. 시장 규모 자체가 게임이 안 됐습니다. 이왕이면 큰물에서 노는 게 좋잖아요. 물이 결국 어디로 가나요? 바다로 갑니다. 바다처럼 큰물에서 노는 겁니다. '크래커냐 감자칩이냐'를 놓고 일주일 이상 갑론을박이 오고 갔습니다. 제품을 만든 사람들 눈으로 보면 이랬습니다.

"이게 뭐로 보여?"

"크래커지."

"왜?"

"크래커 라인에서 만들었으니까."

여러분에게는 말장난처럼 들릴지 모르지만 신제품을 개발한 연구소나 생산 부서에 있는 사람들에게는 심각한 일이었습니다. 감자칩이라고 말하는 게 꼭 거짓말하는 것처럼 느껴졌거든요. 이게 바른 말이 반대로 들리는 정언약반(正言若反) 현상입니다. 결국 오리온이 내부적으로 감자칩으로 하자고 결정했습니다.

그렇게 해서 '감자로 만든 크래커'가 아니라 '오븐에 구운 감자칩'으로 예감의 브랜드 콘셉트가 정해졌습니다. 크래커가 아니라 감자칩이라고 바꾼 게 잘되었다 싶어서 기분 좋게 예감의 광고 만드는 일에 본격적으로 착수했지요.

하지 않음에 창조력이 있다

그런데 아이디어가 한 발짝도 앞으로 못 나갔습니다. 그야말로 백척간두였습니다. 생각은 꼬리에 꼬리를 물고 일어나는 게 정상입니다. 특히 창의적인 생각은 한번 시작되면 끝까지 거침이 없습니다. 처음엔 아이디어가 잘 나오는 것 같았는데 어느 순간부터 딱 멈춰서 더 이상 진전이 안 되면, 그건 처음부터 창의적인 생각이 아니라고 보면 됩니다. 광고와 마케팅도 마찬가지입니다. 아이디어가 술술 나오지 않으면 그것의 출발점인 브랜드 콘셉트가 잘못됐다고 보면 틀림없어요.

이럴 땐 어떻게 해야 할까요? 가차 없이 기존의 브랜드 콘셉트를 버리고 새로운 브랜드 콘셉트를 찾아야 합니다. 아무리 돈이 많이 들어가고 아무리 많은 노력과 시간이 들어갔다고 하더라도 아닌 건 아닌 겁니다. 그런데 실제로 이렇게 하기는 보통 어려운 일이 아니지요. 이걸 잘하는 회사가 제대로 된 회사입니다.

아무튼 '오븐에 구운 감자칩'이라는 게 처음엔 괜찮은 것 같았는데 갈수록 문제가 많이 보였습니다.

"시장에 맛있는 감자칩들이 널려 있는데 내가 왜 굳이 오븐에 구운 감자칩을 사먹어야 하지?"

이 질문에 답이 안 나왔습니다. 이럴 때 누가 옆에서 이런 말을 하면 어떤 생각이 들까요?

"동원 양반 김이 '살짝살짝 두 번 구워서 맛있다'고 광고해서 잘 팔렸다는데……. 우리도 두 번, 세 번 구웠다고 할까?"

이런 유혹들이 끊임없이 생깁니다. 급기야 이런 일도 벌어집니다.

"피카소도 창조는 모방에서 시작한다고 했는데, 스티브 잡스도 그렇게 이야기했다지? 우리도 그렇게 하자!"

이런 건 불선(不善)입니다. 노자의 제자들은 이러면 안 됩니다. 이럴 땐 브랜드 콘셉트를 바꿔야 합니다. 며칠을 고민하다가 결국 노자의 어법을 사용해서 브랜드 콘셉트를 바꿨습니다. 이름이 만물의 모태니까요(有名 萬物之母).

감자칩은 이름입니다. 이 이름이 있음으로 지금의 감자칩 시장이 만들어졌습니다. 이름을 붙이기 전이 그것의 본질이고 시작점입니다(無名 天地之始). 감자칩이라는 이름을 붙이기 전에 그것은 무엇일까요? 감자를 기름에 튀긴 것입니다. 이러고 보니까 예감은 감자칩은 감자칩인데 감자칩이 아닌 겁니다. 기름에 튀긴 게 아니니까요. 어라, 이게 뭐지? 그러다가 그동안 감자칩에 대해 못 보고 있던 묘한 걸 보게 됐습니다.

'아하! 감자칩의 무명에 본래 두 가지 이름이 있었구나.'

튀긴 것과 튀기지 않은 것! 그동안 튀기지 않은 감자칩에 이름이 없었는데 예감이 그것의 이름이었습니다. 예감은 구운 감자칩이 아니라 튀기지 않은 감자칩이었습니다. 드디어 예감의 명확한 존재 이유를 찾은 것입니다. 이것이 노자가 얘기하는 무위지사(無爲之事)입니다.

예감의 존재 이유가 무위지사인 이유는 아주 간단합니다. '튀기지 않고도 감자칩을 만들 수 있다'는 것이지요. 무위지사는 다들 하는 그 무엇을 하지 않으면서 일을 해내는 것입니다. 그러니까 감자칩을 기름에 튀기는 과정 없이 만들 수 있다는 것을 보여준 겁니다. 그래서 무위지사라는 것이지요.

"다른 감자칩은 일반 식용유에 튀기지만 우리는 옥수수기름에 튀겨서 더 맛있

예감은 튀기지 않고 감자칩을 만들 수 있다는 것을 보여 준다.

다들 하는 그 무엇을 하지 않음으로써

혁명적이고 획기적인 새로운 것을 만들었다.

습니다."

이런 건 무위지사가 아니고 유위지사(有爲之事)입니다.

"남들은 한 번 튀기는데 나는 세 번 튀겨
서 더 맛있습니다."

이런 것도 다 유위지사입니다. 그러고 보면 대부분의 기업들이 유위지사로 마케팅을 하고 있는 것 같지요? 그런데 다들 이렇게 하면서 차별화했다고 주장하지 않나요? 그래서 노자가 한 마디 한 겁니다.

"그거 다 유위지사야. 쓸데없는 짓이야. 일을 하려면 제대로 해라. 무위지사로 하는 게 제대로 하는 거야!"

남들은 다 감자칩을 기름에 튀겨서 만드는데 우리는 튀기지 않고도 더 맛있는 감자칩을 만듭니다. '하지 않음으로 새로운 것을 만든다!' 이건 정말 혁명적인 역발상입니다. 동시에 우리에게 정말 놀랍고 획기적인 아이디어 발상법을 가르쳐주고 있습니다.

솔직히 고백하건대 그 전까지 무위지사를 설명한 수많은 주해서들을 보면서도 그 뜻을 이해하지 못했습니다. 그냥 무위로 일을 하는 건가 보다, 욕심 없이 일하는 것을 얘기하는가 보다, 무지(無知)로 일을 하는 거구나, 이런 정도로만 이 해하고 있었습니다. 그런데 그게 아니었습니다. 예감 일을 하면서 비로소 알게 된 것이지요.

'아, 이게 무위지사구나! 그리고 이 무위지사가 사람들이 생각지도 못한 어마무시한 일을 창조해 내는 힘을 가지고 있구나!'

이 방법을 신제품 개발할 때도 적용하면 정말 좋겠다고 생각하고 있었는데 이야기를 들어보니까 신약 개발을 이렇게 한다고 합니다. 가장 핵심적으로 쓰이던 원료를 안 쓰고 약의 효능을 만들어내는 것, 이것이 신약입니다. 2,500년 전에 노자가 신약 개발을 할 때는 이렇게 하라고 말한 겁니다.

무위지사가 왜 놀랍고 획기적인 역발상인지, 이 질문에 답이라도 하듯 노자는 "도의 움직임은 반대다(反者道之動)." 라고 얘기합니다. 무위로 일을 하라는 게 듣기엔 별 의미가 없고 이상하게 들리지만 이것이 도가 움직이는 일이기 때문에 어마무시한 일을 만들어낸다는 의미입니다. 남들 다하는 경쟁을 하지 않고, 나보다 직원과 고객의 이익을 먼저 구하고, 남들이 싫어하는 일을 기꺼이 하는 것, 일반적으로 알고 있던 기업의 개념과 정반대로 하라는 것입니다.

나라에 비유해 보자면, 왕이 자신의 권세를 위해 인위(人爲)로 나라를 통치하고 있으면 어떤 일이 벌어진다는 건가요? 틀림없이 누군가에 의해 역성혁명이 일어난다고 예견하고 있는 겁니다. 도는 항상 존재하고 반대로 움직이고 있으니까요. 무위지사하라는 말은 혁명적으로 일하라, 반역적으로 일하라는 뜻이기도 합니다. 그렇다면 무위지사로 브랜드를 만들면 어떤 결과가 만들어질까요?

지금 튀기지 않은 감자칩, 예감은 연 매출이 1,000억 원을 넘어섰습니다. 대(大)브랜드가 되었지요. 월 100억 원씩 팔리고 있으니 제크의 월 30억 원은 이제 처다보지도 않습니다. 더 고무적인 것은 이 제품이 중국에서 더 잘 팔린다는 겁니다. 중국에서 매출이 2,000억 원에 육박하고 있습니다. 기름에 튀긴 음식이 많은 중국 소비자에게 '튀기지 않은 감자칩'이라는 개념이 아주 매력적으로 보인 게 아닌가 싶습니다. 아무튼 '기름에 튀기지 않고 감자칩을 만든다'는 무위지사의 결과는 일반적인 예상을 훨씬 뛰어넘었고 지금도 여전히 현재 진행형입니다.

튀긴 감자칩과 튀기지 않은 감자칩의 사례를 알 리스(Al Ries)와 잭 트라우트(Jack Trout)의 서양 마케팅 논리로도 설명할 수 있습니다.

"마케팅은 제품의 싸움이 아니라 인식의 싸움이다."

이 말을 참 많이들 합니다. 저도 사실 오랫동안 이렇게 이야기하고 다녔습니다. 왜냐하면 이렇게 설명하는 게 사람들이 이해하기에는 쉬웠거든요.

"누가 더 맛있냐는 제품의 싸움을 하지 않고, 인식의 싸움을 통해 감자칩 시장을 튀긴 감자칩과 튀기지 않은 감자칩으로 나눠버렸기 때문에 예감이 성공한 것이다."

이렇게 이야기하면 금방 이해가 되겠지요. 그러나 이 사례를 만든 자로서 분명히 밝히지만 예감의 무위지사 전략은 잭과 알의 마케팅 전략과 근본적으로 다른 겁니다. 발상의 근원부터 다릅니다. 우선 무위지사 전략은 제품이든 인식이든 싸우는 전략이 아닙니다. 싸우는 것이 아니라 브랜드가 스스로 존재함을 전제로 하는 것이지요. 그리고 그 존재는 독립적이고 배타적인 존재 방식이 아니라 서로 어우러진 형식을 취합니다. 이 때문에 근본적으로 서양 마케팅과는 다른 개념입니다.

군이 비교하자면 잭과 알의 마케팅보다 훨씬 더 고차원적인 개념입니다. 서양 마케팅은 '너 죽고 나 살자'가 기본 개념입니다. 그래서 전략을 만들고 결과를 평가할 때 어떻게 합니까? 시장점유율, 인지도, 선호도, 매출액, 이익률, 이런 척도들을 가지고 경쟁사와 끊임없이 그 차이를 비교해서 자기의 위치를 규정하고 새로운 목표를 정합니다. 이것이 의미하는 게 뭔가요? 근본적으로 '너 죽고 나 살자'입니다. 그래서 최종 목표는 1등, 넘버원이 되는 겁니다.

이 끝없는 경쟁의 끝은 어디입니까? 공멸입니다. 지금 기업의 환경이 공멸로 가고 있는 이유입니다. 그렇다면 차별화가 대안일까요? 차별화에 성공했다고 안도하는 순간 시장은 다시 전쟁터로 변합니다. 아무리 진입장벽을 높여도,

혁신하고 또 혁신해도, 새로운 시장을 끊임없이 만들어도 여전히 시장은 전쟁터일 수밖에 없습니다. 영원한 차별화는 없기 때문입니다.

노자는 이미 2,500년 전에 지금의 끝을 보았습니다. 놀랍지 않습니까? 이것이 천리안이라는 것일까요? 통찰력이고 미래를 보는 예지력일까요? 지금은 물론 앞으로 벌어질 우리 기업의 미래를 노자가 본 것입니다. 그러니까 지금부터라도 싸우지 말고 상생하는 전략을 취하라는 것이지요.

상생하지 않으면 결국 공멸한다는 게 노자의 통찰이었습니다. 그런데 만약 이 정도에서 노자의 통찰이 마무리되었다면 저도 여기서 굳이 노자를 언급할 이유가 없었을 겁니다. 왜냐하면 그 정도 수준의 이야기는 누구라도 할 수 있으니까 말입니다. 싸우지 마라, 싸우면 다 죽는다, 이 정도는 누구나 할 수 있는 말 아닌가요? 노자가 진짜 위대한 것은 싸우지 않고 잘 살 수 있는 구체적인 방법론을 제시했다는 겁니다. 이것이 진짜 놀라운 이유입니다.

예감: 제가 경쟁자들과 싸우지 않고도 시장에서 성공하는 방법이 뭔가요?

노자: 튀기지 않은 감자칩이라고 존재 이유를 만들어라.

그러면 너도 살고 경쟁자들도 살고 다 잘 살 수 있을 것이다.
예감: 정말이요?

노자를 믿고 노자 말대로 했더니 지금 예감은 아주 잘 살고 있습니다. 다른 감자칩들도 잘 살고 있습니다. 서양 마케팅 개념으로 말한다면, 예감이 인식의 싸움을 벌이는 대상인 기존의 '기름에 튀긴 감자칩들'이 죽거나 문제가 생겨야 되잖아요? 그런데 얘들도 역시 잘 살고 있습니다. 기름에 튀긴 감자칩의 대명사가 누구인가요? 포카칩입니다. 이 친구 매출이 지금 3,000억 원이 넘습니다. 노자의 예언이 그대로 실현되고 있는 것이지요.

사실 처음에 '튀기지 않은 감자칩' 아이디어가 서양 마케팅을 신봉하는 몇몇 사람들 때문에 하마터면 사장될 뻔했습니다. 제가 이걸 제안하니까 반론이 나왔습니다. 포카칩 때문이었습니다. 포카칩이 오리온 브랜드였거든요. 성공할지 실패할지도 모르는 신제품 하나 때문에 기존에 잘 팔고 있던 포카칩이 졸지에 기름에 튀긴 감자칩으로 전락해서, 매출에 문제가 생기면 큰일 아닌가 하는 우려가 나온 겁니다. 이런 걸 보고 '리포지셔닝'이라고 합니다. 갑론을박이 벌어졌습니다. 신제품 하나 성공하자고 지금 잘나가고 있는 애를 죽일 수 있냐는 것이지요. 어처구니가 없어서 그 사람들에게 질문을 했습니다.

"만약에 해태나 롯데에서 '튀기지 않은 감자칩'이 나오면 어떻게 하실래요?"

"그러면 안 되죠."

"그러면 그들이 할 때까지 기다리실래요, 아니면 우리가 먼저 하는 게 낫나요?"

제 질문으로 반대파가 수그러들긴 했지만 이런 논쟁 자체가 서양 마케팅에 익숙한 우리들의 고정관념 때문에 발생하는 겁니다. 인식의 싸움을 벌인다, 저놈을 죽여야 내가 산다, 이런 싸움에 대한 마케팅 지식이 고정관념이 되면 브랜드들이 서로 어울려서 잘 살 거라는 생각을 할 수가 없습니다. 그래서 조심스럽게 얘기하건대 우리가 가지고 있는 경영 전략, 마케팅 전략에 대한 지식과 경험, 이게 다 욕심의 지(知)로 만들어진 고정관념일 수 있다는 겁니다. 잘못하면 병이 될 수도 있습니다. 노자의 어법으로 말하자면 모름을 아는 것이 으뜸이고 모르는 것을 안다고 하는 게 병(**知不知上**지부지상 **不知知病**부지지병)인 겁니다.

다시 한 번 말하지만 튀기지 않은 감자칩 예감은 경쟁하지 않습니다. 오히려 튀긴 감자칩들과 즐겁게 상생하고 있습니다. 유무상생의 세상에 있는 것이지요. 그런데 혹시 '나도 튀기지 않은 감자칩이다!' 하고 어떤 브랜드가 싸움을 걸어오지 않을까요? 과연 그런 브랜드가 있을까요? 롯데나 해태, 크라운에서 '나도 튀기지 않은 감자칩이야!'라고 할 가능성이 있을까요? 저는 그럴 리가 없다고 봅니다.

왜냐하면 '튀기지 않은 감자칩'은 세상에 하나밖에 없는 존재 이유이고, 이 존재 이유가 예감의 것이라고 다들 알고 있기 때문입니다. 이것이 세상에 하나밖에 없는 존재 이유가 갖는 놀라운 힘입니다. 이 존재 이유 때문에 싸우지 않고 이기는 것이 가능한 것이지요. 나만의 존재 이유를 만들면 애당초 다른 애들이 싸움을 걸 수가 없습니다. 경쟁이 안 됩니다. 정말 사용할수록 놀라운 전략입니다. 만약에 예감이 구운 감자칩으로 브랜드 콘셉트를 정했고 어느 정도 팔리고 있다고 가정해 보세요. 어떻게 들어올까요?

"나는 두 번 구웠어요, 나는 세 번 구웠어요, 나는 뒤집어서 네 번 구웠어요."

끊임없이 경쟁이 이어지겠지요. 그러니까 애당초 브랜드의 존재 이유를 만들 때부터 경쟁이 아닌 부쟁을 목표로 하라는 겁니다. 이것이 노자가 얘기한 "싸우지 않는 것이 참된 승리다(不爭而善勝 부쟁이선승, 《도덕경》 73장)."의 뜻입니다.

자기 자신과는 치열하게 싸운다

그렇다면 예감은 영원히 잘될까요? 노(No)! 노자가 제일 우려했던 게 바로 이것입니다. 이런 생각을 할까 봐,《도덕경》 73장에서 부쟁이선승(不爭而善勝)이라고 한 것입니다. 노자가 여기에 '이긴다(勝)'라는 말을 왜 사용했을까요? 이 말은 싸움(爭)이 있어야만 존재하는 말입니다. 남들과 싸우지 않는데 승리가 어디 있나요? 노자는 지금 남들과의 싸움이 아니라 자신과의 싸움에서 승리해야 한다는 애기를 하고 있는 겁니다. 남들과 싸우지 않는 건 기본이고 자신과의 싸움에서 이겨야 비로소 참된 승리를 얻을 수 있다는 말이지요.

'난 잘하고 있어. 내가 최고야. 나는 내가 정말 자랑스러위. 이 정도 했으면 이제 성공의 열매를 따먹어도 되지 않나? 다들 그렇게 하는데. 나도 이 순간을 즐길 만한 자격이 있는 거 아닌가? 그리고 이참에 돈도 좀 챙겨놓고.'

브랜드가 성공했다 싶으면 기업은 일반적으로 비용을 줄여서 이익을 극대화합니다. 값싼 원료를 찾아서 대체하고 더 이상의 설비 투자도 안 합니다. 저절로 잘되고 있으니까 인력도 최소한으로 줄입니다. 이렇게 벌어들인 돈으로 무엇을 할까요? 경영자들이 막대한 금액의 보너스를 챙기고, 기업의 오너는 자신의 사리사욕을 채우는 데 사용합니다. 이렇게 되면 무슨 일이 벌어질까요? 제품의 품질은 떨어지고 소비자는 맛이 없어졌다고 외면하고 결국 그 브랜드는 죽게 됩니다. 소비자는 냉정합니다. 이를 가리켜 노자가《도덕경》 5장에서 이렇게 말했습니다.

"세상은 인자하지 않다!"
天地不仁천지불인

세상은 매우 냉정하다는 겁니다. 기업이 결국 왜 망하나요? 자기와의 싸움에 져서 망하는 겁니다. 그래서 노자가

《도덕경》24장에서 이렇게 경고합니다.

내가 나의 눈으로만 보면
절대 밝은 것을 볼 수가 없다.

自見者不明자견자불명

내가 항상 옳다고 얘기하는 놈은
절대로 성대하게 될 수 없다.

自是者不彰자시자불창

내가 잘했다고 떠벌리는 순간
공은 없어진다.

自伐者無功자벌자무공

내가 잘났어 하는 자는
곧 우두머리에서 잘려버린다.

自矜者不長자긍자부장

다른 회사와는 싸우지 않아야 하지만 자기 자신과는 부단
히 싸워야 된다는 겁니다. 자신과는 정말 치열하게 싸워야
된다는 것이지요. 그래서 "공이 이루어져도 그 이룬 공 위에
자리잡지 말라(功成而不居공성이불거)."고 했습니다. 공을 세

웠으면 거기에 거하지 말라, 거기에 머물지 말라는 겁니다. 이것을 안 지키면 망한다는 것이지요. 노자가 《도덕경》 2장에서, 예감이 성공할 것을 이미 예견하고 성공한 후에도 어떻게 해야 될지 아주 세세하고 친절하게 설명을 해놓은 셈입니다.

향후에 예감의 매출이 떨어지고 있다, 맛이 달라졌다, 품질에 문제가 있다, 이런 이야기가 들리면 그건 예감의 잘못이 아니라 100퍼센트 오리온 경영진의 잘못이라고 보면 틀림이 없습니다. 물론 이런 일이 생기지 않기를 진심으로 바라고 있지만 말입니다.

자, 이제 정리해 봅시다. 우리는 예감의 사례를 가지고 노자의 무위지사에 대해 얘기를 나눴습니다. 무위로 일을 한다는 것은 곧 남들이 일반적으로 일하는 방법과 정반대로 일하는 것을 의미합니다. 이렇게 하는 게 당연한 거야, 이렇게 만드는 것이 원칙이야, 이렇게 남들이 강조하는 그 당연함과 원칙을 배제하고 그 일을 해내는 것이지요. 이렇게 일하면 일반 사람들이 생각지도 못한 혁명적인 결과가 만들어집니다.

예감은 기름에 튀기지 않고 만든 맛있는 감자칩입니다. 우루사는 진짜 웅담을 사용하지 않고 웅담의 효과를 내는

약이지요. 우루사를 개발한 대웅제약 회장님이 이렇게 이야기했습니다.

"웅담 좋은 건 세상 사람들이 다 알잖아. 만약에 우리가 우루사를 개발하지 않았다면 세상 곰들이 모두 멸종했을지도 몰라."

대부분의 화장품은 피부가 젊어진다고 하고 아름다워진다고 말합니다. 이래야 고객이 화장품을 사주니까요. 그런데 더 바디샵의 창업자는 이렇게 말합니다.

"그런 화장품을 만드는 건 불가능한 일입니다. 만약 더 젊게 보이고 싶다면 화장품보다는 여유를 갖고 사십시오."

더 바디샵은 젊음과 아름다움을 팔지 않는 화장품입니다. 무위지사로 기업을 일군 대표적인 기업이지요. 미국 아웃도어의 2위 브랜드로 성장한 파타고니아는 자기들이 만든 옷을 가급적이면 사지 말라고 권합니다. 옷 하나를 만들 때 135리터의 물이 사용되는데 이는 45명이 하루를 버티는 데 충분한 양이고, 재킷을 만드는 데 원단의 3분의 2가 버려지며 완성된 재킷을 원산지에서 자사의 물류창고로 운송하는 과정에서 20파운드의 이산화탄소가 배출되어 지구환경에 악영향을 미치기 때문이라는 것이지요. 그래서 꼭 필요하지 않으면 자신들의 옷을 사지 말고, 입던 옷을 좀 더 입으라고 권합니다.

우리 주변의 가까운 곳에 무위지사를 행하고 있는 소기업도 있습니다. 지하철 6호선 대흥역에 있는 그린서울치과는 임플란트, 금니는 안 하는 치과입니다. 임플란트, 금니, 교정치료는 보험이 안 되기 때문입니다. 일반적으로 이런 것을 해야 돈을 버는 게 상식인데 이 치과는 돈의 유혹을 받지 않으려고 일부러 안 한다고 합니다. 의사는 환자를 치료하는 사람이지 돈 버는 사람이 아니라는 생각이지요. 그런데 이 치과는 언제나 환자들로 북적입니다.

이처럼 무위지사가 만들어내는 결과는 상상을 초월합니다. 싸우지 않고 승리하는 전략입니다. 자신과의 싸움에서 지지 않으면 영원히 존재할 수 있습니다. 저는 지금껏 이렇게 혁명적인 전략 개념을 다른 곳에서 본 적도 들은 적도 없습니다.

"새로운 아이디어는 어떻게 내는가?"

누가 감히 이런 질문에 자신 있게 답을 내놓을 수 있을까요? 단순히 새로운 것을 찾아야 한다거나 내가 1등이 될 수 있는 새로운 범주를 만들어야 한다거나 하는 말은 그저 성공 사례를 가지고 뒷북이나 치는 논리일 뿐입니다. 어떻게 나만의 존재 이유를 만들어낼 것인지부터 시작하는 노자의 관점과 어법을 익히세요. 이것이 바로 새로운 생각의 시작입니다.

비 우 면
새로움이
들어온다

虛其心 實其腹

弱其志 強其骨

마음을 비우면 배가 부른다.

뜻을 약하게 하면 뼈가 강해진다.

虛其心 實其腹
弱其志 強其骨

함께 일하는 직원이 우연히 제 강의록을 보더니 이런 말을 한 적이 있습니다. "학생들 진짜 고생하겠다, 한자가 이렇게 많은데 어떻게 따라가요?"

그런데요. 한자를 안 쓰면 강의가 쉬워질까요? 만약 제가 강의 평가가 두려워 내용을 바꿔 강의한다면 그건 유위(有 爲)입니다. 유위는 불선(不善)이고 무위는 선입니다. 앞서 4강 에서 무위에 대해 공부했는데, 노자 하면 보통 한마디로 '무 위사상!' 이렇게 얘기하지요.

그렇지만 저는 개인적으로 노자의 철학을 무위, 이렇게 한마디로 규정하는 것 자체가 어불성설이라고 생각합니다.

이런 말들의 근원이 뭘까 생각해 보니까 학교 같아요. 학생들에게 시험문제 내기 좋잖아요.

다음 중 노자의 사상을 뜻하는 것은?
① 유위(有爲)　　② 인위(人爲)
③ 무위(無爲)　　④ 천위(天爲)

정답: ③ 무위(無爲)

공자는 인위, 노자는 무위, 이러면 선생님도 가르치기 좋잖아요. 그런데 노자는 가르칠 때 "불언의 가르침을 행하라(行不言之敎 행불언지교, 《도덕경》 2장)"고 했습니다. 불언(不言)은 아무 말도 하지 말라는 게 아니라 불선(不善)의 말을 하지 말라는 뜻입니다. 남들이 옳다고 하는 말을 그대로 따라서 하는 말이 불선의 말이지요(皆知善之爲善 개지선지위선 斯不善已 사불선이, 《도덕경》 2장). 그런 말을 사용해서 사람들을 가르치지 말라고 한 것입니다.

나중에 나오지만 이런 말을 노자는 미언(美言)이라고 합니다. 남들이 듣기 좋은 말, 그것이 미언입니다. 그러니까 불언은 불미언(不美言)을 뜻합니다. 이렇게 보면 사람들이 "노자 사상은 무위다."라고 말하는 것도 미언입니다. 앞으로 당분간《도덕경》을 읽을 때는 "세상 사람들이 모두 좋다고 하는 것을 좋은 것으로 알면 이는 좋지 않다(皆知善之爲善 斯不善己)."라고 했던 구절을 항상 떠올리세요. 노자가 어떤 경우에 불선이라고 하는지 그 개념을 잊지 말고 봐달라는 부탁입니다.

이제《도덕경》3장으로 가볼까요? 3장은 2장의 연속입니다. 왕에게 유무상생으로 정치하는 방법을 세 가지 구체적인 예를 들어 설명해 줍니다. 그렇게 하면 백성들이 서로 싸우지도 않고, 백성들이 도둑이 되는 일도 없어질 것이며, 민심이 혼란스럽게 되는 일도 없을 거라며 이렇게 하는 것이 무위로 나라를 다스리는 것이라고 마무리하지요.

그 세 가지 예가 불상현(不尙賢, 현자를 숭상하지 않는다), 불귀난득지화(不貴難得之貨, 얻기 어려운 것을 귀하게 여기지 않는다), 불견가욕(不見可欲, 욕심나는 것을 보지 않는다)인데 설명을 뒤로 잠깐 미루고 이 이야기부터 하겠습니다. 3장에 아주 재미있는 구절이 나오는데, 제가 보기엔 이것이 하이라이트입니다. 최진석 서강대학교 철학과 교수가 쓴《노자의 목소리로 듣는 도덕경》의 해석으로 들어봅니다. 바로 이 구절입니다.

성인이 하는 정치는 그 마음은 텅 비우게 하고
是以聖人之治시이성인지치 **虛其心**허기심

그 배를 채워주며, 그 의지는 유약하게 해주고,

그 뼈대를 강하게 한다.

實其腹실기복 弱其志약기지 强其骨강기골

항상 백성들로 하여금 무지무욕하게 하고,

常使民無知無欲상사민무지무욕

저 지혜롭다는 자들로 하여금

감히 무엇을 하려고 하지 못하게 한다.

使夫智者不敢爲也사부지자불감위야

이것이 도대체 무슨 말일까요? 백성들을 잘 살게 하려면 쓸데없이 머리 쓰게 하지 말고 등 따시고 배만 부르게 해주면 된다, 백성들이 아는 게 많아지면 욕심도 많이 생기니까 알지 못하고 모르게 만들어야 한다, 그러려면 저 아는 척하는 놈들을 못 떠들게 해야 한다, 그러면 백성들이 무지무욕하게 되어 태평성대가 이루어질 것이다, 이렇게들 많이 해석합니다.

이 구절 때문인지 많은 위정자들이 노자를 핑계 대고 당연하게 우민정치를 해온 것 같습니다. 일제 때도 그랬고 얼마 전까지 우리나라에서도 이런 정치를 하는 자들이 있었습니다. 그런데 저는 아무리 생각해도 노자가 이런 의도로 얘기했을 것 같지가 않더라고요. 겨우 이런 이야기를 하려고 《도덕경》을 썼단 말인가요?

그럴것 같으면 무명, 유명, 묘를 본다 등 이런 말은 왜 한 걸까요? 백성들을 멍청하게 만드는 데 성인과 도가 왜 필요하겠습니까? 사실 이《도덕경》3장 때문에《도덕경》을 100번은 더 읽었을 겁니다. 성인의 얘기는 수미일관(首尾一貫)해야 하거든요. 여기서는 이 소리 하고 저기서는 저 소리 하고 그러면 안 되잖아요. 그런데 문제는 아무리 읽어봐도 연결이 잘 안 된다는 것이었습니다.

'이 노자가 내가 알던 노자가 아닌가?'

이런저런 상념이 들던 차에 이 구절이 다시 보였습니다. 마음을 비우면 배가 부른다(虛其心 허기심 實其腹 실기복). 어디서 많이 본 것 같았습니다. 찾아보니 성경에 있었습니다. 마태복음 5장에 보면 그 유명한 예수님의 산상수훈이 나옵니다. 예수님이 갈릴리 산에 올라가서 무리 지어 따라온 사람들에게 맨 처음 한 얘기가 이것이었습니다.

"마음이 가난한 자는 복이 있나니
천국이 그들의 것임이요(마 5:3).
의에 주리고 목마른 자는 복이 있나니
그들이 배부를 것이요(마 5:6)."

비슷하지요? 사실은 노자와 예수님이 똑같은 얘기를 하고 있습니다. 마음이 가난한 자는 복이 있고 배가 부르다는 겁니다. 묘한 게 느껴지지 않나요? 소름이 쫙 끼치지 않나요? 노자하고 예수님하고 살았던 시기가 한 500년 정도 차이가 납니다. 노자, 석가, 공자가 비슷한 시기에 살았는데 그로부터 약 500년 뒤에 태어나신 예수님이 그분들과 똑같은 얘기를 하신 겁니다. 노자, 석가, 예수가 태어난 중국 낙양, 네팔 남부, 중동 예루살렘은 거의 같은 위도에 나란히 위치해 있습니다. 희한하죠? 여하튼 이 세 분이 같은 말을 했습니다. 성경 구절을 다시 살펴볼까요.

부자 청년이 예수님한테 와서 이렇게 물어봅니다.

"제가요, 어려운 사람들을 많이 도와주고 있습니다. 저도 천국에 갈 수 있을까요?"

항상 선을 베풀고 있다고 말하는 부자 청년에게 예수님은 이렇게 말합니다.

"네가 가지고 있는 재산을 전부 어려운 사람에게 나눠주고 나에게 다시 오너라."

그런데 이 부자 청년이 알겠다고 하고 간 다음에 다시 돌아왔다는 이야기는 없습니다. 제가 보기엔 돌아오지 않았을 것 같아요. 그 청년은 천국에 갔을까요, 못 갔을까요? 짐작하건대 못 갔을 것 같습니다. 왜냐하면 예수님이 재산을 다

주고 오라고 한 말의 진짜 의미는 네 속에 있는 마음, 욕으로 가득 찬 마음을 다 비우고 오라는 말이었으니까요.

마음을 비우면 그 자리에 뭐가 들어간다는 걸까요? 예수님 말로는 성령이 들어간다는 것이고 노자 말로는 도가 들어간다는 것입니다. 이것이 비우면 비운 만큼 다른 것이 채워진다는 유무상생의 원리입니다. 마음속에 가득 찬 욕심(欲心)을 비우면 도심(道心)이 들어가고 악(惡)함을 비우면 선(善)함이 들어오는 겁니다. 그래서 끊임없이 비워라, 비워라 하는 것이지요.

심지어 술 마실 때도 잔을 비워라, 비워라 합니다. 최인호 작가의 《상도》에 보면 계영배(戒盈杯)라는 술잔이 나옵니다. 계영배란 채움을 경계하는 술잔입니다. 술을 7부 능선 이하까지만 따라야 그 이상 채우면 술이 전부 없어집니다. 밑으로 다 새버리는 겁니다. 《도덕경》 9장에도 "계속 채우려고 하는 것보다 멈추는 것이 더 낫다(持而盈之 지이영지 不如其已 불여기이)."라는 구절이 나옵니다. 잔을 비워야 술을 따라 넣을 수 있듯이 도심이 들어갈 수 있도록 마음을 비우라는 것이지요.

비우면 새로운 생각이 들어온다

"그 마음은 텅 비우게 하고(虚其心)"

이 구절대로 하면 새로운 생각이 술술 풀립니다. 실제 사례를 통해 살펴볼까요?

SBS가 텔레비전 방송을 시작하면서 아주 재미있는 마케팅 전략을 펼쳤습니다. 엇박자 편성 전략이었지요. KBS나 MBC와 똑같이 했다가는 안 되겠다 싶어서 나름대로 강력한 차별화 전략을 세운 겁니다. KBS, MBC가 드라마를 할 때 우리는 뉴스하고, 저들이 뉴스를 할 때 우리는 드라마를 하자는, 당시로서는 매우 획기적인 편성 전략이었는데 결과는 기대 이상이었습니다.

이렇게 탄생한 것이 SBS 8시 뉴스입니다. 우리나라 최초로 8시 TV 뉴스를 만든 겁니다. 정말 탁월한 선택이었습니다. 시청률도 잘 나왔습니다. 방송한 지 몇 달 안 지나서 시청률이 15퍼센트씩 나왔으니까요. 민영방송에서 8시 시간대에 15퍼센트의 시청률이 나온다는 건, 요즘 말로 대박을 친 겁니다. 그런데 시간대만 바꿨다고 이런 결과가 나왔던 걸까요? 천만의 말씀입니다. 지금부터 제가 하는 이야기를 잘 들어보세요.

9시에 뉴스를 하는 것과 8시에 뉴스를 하는 것, 둘 중에 뭐가 더 어려울까요? 8시 뉴스를 만드는 게 훨씬 더 어렵습니다. 9시 뉴스가 있다는 것을 전제로 해야 하니까요. 이게 무슨 뜻일까요? 8시에 없는 뉴스가 9시 뉴스에 매일 나온다고 생각해 보세요. 누가 8시 뉴스를 보겠어요? 마감시간이 빨라서 어쩔 수 없다고 그때마다 시청자에게 양해를 구할까요? 아니면 계속 속보를 내보낼까요? 보통 문제가 아닙니다.

9시 뉴스를 염두에 두고 8시 뉴스를 제대로 만든다는 것은 경쟁자가 9시 뉴스를 만드는 것과는 차원이 다른 문제입니다. 자기 나름대로 특별한 뉴스 제작 시스템이 만들어져야 합니다. 앵커와 기자들도 당연히 9시 뉴스와는 달라야 하고, 관련된 모든 스태프들도 9시 뉴스와는 다르게 일해야 합니다. 이 모든 걸 해냈기 때문에 시청률이 15퍼센트가 나온 겁니다. 이렇게 해서 세상에 8시 뉴스가 존재하게 된 것이지요. 이 모든 노력을 두고 이름하여 경쟁력이라고 하는 겁니다. 이걸 끝까지 제대로 하면 이른바 핵심 경쟁력이 만들어집니다.

8시 뉴스의 핵심 경쟁력을 허기심(虛其心), 실기복(實其腹)으로 해석해 볼까요? 9시에 뉴스를 하겠다는 마음을 비우니까 어떻게 되었나요? 새로운 먹을거리가 만들어졌습니다. 대부분의 사람들이 이것을 버리면 안 될 것 같다고 생각하기 때문에 버리지 못합니다. '9시 뉴스를 안 해도 돼!' 하고 9시를 버리는 순간 새로운 먹을거리인 8시 뉴스가 생기고 나를 배부르게 해준 겁니다. 이것이 노자가 말한 '허기심 실기복'의 본뜻입니다.

조금 다르게 해석해 보겠습니다. 9시 뉴스를 하겠다는 미련과 욕심을 버리면 뭐가 생기나요? 새로운 것을 해야겠다는 욕심이 또 생깁니다. 그래서 8시 뉴스를 만들었지요. 9시 뉴스를 해야 한다는 미련을 버리니까 8시 뉴스라는 새로운 아이디어가 나온 겁니다. 이것이 인간이고, 욕(欲)이 가지고 있는 양면성입니다.

욕, 그 자체는 나쁘지 않습니다. 다만, 욕이 한쪽으로만 치우치면 그것이 나쁜 것이지요. 욕은 인간이 가지고 있는 본성이고 인간이 지금까지 진화하고 발전해 온 원동력입니다.

제게 이 글을 쓰고자 하는 마음이 없었다면 이 책은 존재하지 않았을 겁니다. 욕이 존재를 만드는 근원이라는 것이지요. 9시 뉴스를 하겠다는 욕을 버림으로써 또 다른 욕이 8시 뉴스를 만들어낸 겁니다.

버림이 새로움을 만든다는 게 유무상생의 원리입니다. 그런데 서양 사람들한테 이렇게 말하면 굉장히 헷갈려 합니다. 버리면 버린 것이고, 있으면 있는 것이고, 없으면 없는 것이지, 어떻게 있는 게 없는 것이고, 없는 게 있는 거냐는 겁니다. 높은 게 낮은 것이고, 낮은 게 높은 것이라니, 이건 더더욱 말이 안 되는 소리지요.

긴 것이 짧은 것이고 짧은 것이 긴 것이다, 앞이 뒤고 뒤가 앞이다, 큰 것이 작은 것이고 작은 것이 큰 것이다, 이러면 어찌 되겠어요? 얘들 미쳤구나, 이러지 않겠어요? 그런데 이런 말을 좋다고 받아들인 서양 친구가 있습니다. 바로 스티브 잡스입니다. 그는 인도 여행을 하면서 이 사고법을 배웠습니다. 그래서 만든 게 애플입니다. 애플의 제품 디자인이 혁신적인 이유는 그 생각의 뿌리가 서양이 아니고 동양에 있었기 때문입니다. 그래서 잡스가 자신 있게 얘기했지요.

"이건 달라(It's Different)!"

그런데 요즘 우리나라 젊은 사람들과 대화하면 서양 사람들과 얘기하는 것 같습니다. 생각하는 것도 그렇고 말하는 것도 그렇고 점점 서양화되고 있어요. 그런데 오히려 서양은 반대입니다. 더 이상 자기들의 사고법에서 나올 게 없다 싶어서 동양으로 눈을 돌리고 있습니다. 동양은 서양으로, 서양은 동양으로. 그러고 보면 중국은 진작부터 이걸 경계하고 있는 것 같네요. 요즘 중국 관리나 기업인들의 필독서가 자기들 고전입니다. 《논어》,《맹자》,《대학》,《중용》은 물론 《도덕경》도 필수입니다.

요즘 기업들은 끊임없이 차별화를 말합니다. 이 또한 서양화의 물결입니다. 그런데 문제는 저렇게 하는 게 차별화구나, 나도 저렇게 해야지 하면 절대 차별화가 안 된다는 겁니다. 새로운 생각이 더 안 나옵니다. 기존에 있던 생각을 버려야 새로운 생각이 나옵니다. 기존의 생각에 무언가 더하고 뺀들 절대로 차별화가 안 만들어집니다.

8시 뉴스는 여러 가지 환경 분석을 통해 8시 뉴스의 가능성을 찾고 사람들에게 8시가 좋은가, 9시가 좋은가 설문조사를 해서 만들어진 게 아닙니다. 진정한 차별화를 원한다면 노자가 제안한 허기심(虛其心) 전략을 사용해야 합니다. 마음을 비우면 그 마음을 비우는 동안 자연적으로 새로운 마음이 들어옵니다. 그래서 더 배부르게 됩니다. 이것이 허기심의 전략입니다.

내버려둬도 자연은 춘하추동이 계속 반복됩니다. 봄을 보내야 여름이 오고 여름을 보내야 가을이 옵니다. 그런데 사람은 어떻게 하나요? 봄을 붙잡고 왜 여름이 안 오냐고 막무가내를 부리는 꼴 아닌가요? 비워야 새로운 것이 생깁니다. 이걸 깨달으려면 어떻게 해야 할까요? 한번 망해봐야 합니다. 제가 이렇게 자신 있게 말할 수 있는 것도 신나게 몇 번 망해 봤기 때문입니다.

의지는 약하게, 뼈대는 강하게

이제 약기지(弱其志), 강기골(强其骨) 이야기를 해보겠습니다. 이것도 새로운 생각을 하는 데 매우 중요한 구절입니다. 뜻을 약하게 하면 뼈가 강해진다는 이 말을 SBS 8시 뉴스 사례에 대입해 보면 이렇게 됩니다. 9시 뉴스를 하겠다는 의지가 약해지면 8시 뉴스를 강하게 만들게 됩니다. 이 말은 9시 뉴스에 대한 의지가 약해지지 않으면 8시 뉴스가 제대로 안 만들어진다는 뜻이지요. 실제로 기업에 이런 문제가 많이 생깁니다.

8시 뉴스를 하기로 결정을 했지만, 결정을 주도한 사람이든 따르는 사람이든 9시 뉴스에 대한 미련이 남아 있었습니다. 왜냐하면 9시에 뉴스를 하는 게 당연한 것이었으니까요.

'다들 9시에 하는데 우리만 8시에 하는 게 맞나? 그냥 9시에 하는 게 낫지 않을까?'

이런 생각이 쉽게 지워지지 않는 겁니다. 더군다나 8시에 한다고 잘될 거란 보장도 없습니다. 그러니 끊임없이 9시로 돌아가려는 의지가 생깁니다. 이런 의지를 갖고 8시 뉴스를 만들면 어떻게 될까요? 죽도 밥도 안 될 겁니다. 준비하다가 조금만 뭐가 잘 안 되면, 거봐라 그냥 9시에 하는 게 낫지 않았느냐, 아니다 끝까지 해야 한다, 이러니저러니 얼마나 말이 많겠어요? 이러면 망하는 겁니다.

이렇게 안 되려면 어떻게 해야 할까요? 처음부터 이 점을 고려하고 프로젝트를 시작해야 합니다. 시작부터 끝까지 끊임없이 왜 우리가 8시 뉴스를 해야 하는지, 왜 8시 뉴스가 성공할 수밖에 없는지, 내부 구성원들과 소통해야 합니다. 이걸 조금만 소홀히 하면 9시 뉴스에 대한 의지가 다시 강해집니다. 8시 뉴스를 하겠다는 결정만 가지고 8시 뉴스가 만들어지지는 않습니다. 그런데 경영자들이 이 점을 종종 망각하는 것 같습니다.

"내가 결정하면 다 따라온다."

"누가 감히 내 결정에 토를 달아."

"우리 직원들은 충성심이 강해서 회사가 명령하면 무조건

복종한다."

"시키면 시키는 대로 한다."

이렇게 생각하지요. 천만의 말씀입니다! 실패하는 프로젝트의 90퍼센트는 전략이 잘못된 게 아니라 실행이 잘못된 겁니다. 마음을 비우면(虛其心), 배가 부르고(實其腹), 뜻을 약하게 하면(弱其志), 뼈대가 강해진다(强其骨). 이것이 생각의 핵심 경쟁력을 만드는 노자의 제안입니다. 이 전략만 충실히 따르면 절대로 자기 경쟁력이 약화될 수가 없습니다.

그리고 한 가지 더! 허기심, 실기복, 약기지, 강기골이 계속 순환되어야 합니다. 신제품이 성공하면(强其骨) 다시 마음을 비우고(虛其心) 새로운 먹을거리를 찾고(實其腹), 기존의 습관 의지를 약화시켜서(弱其志) 다시 성공을 일으키는(强其骨) 과정이 계절이 바뀌듯 순환이 이뤄져야 하지요. 이 순환이 멈추면 문제가 생깁니다. 그래서 개인이든 기업이든 이 순환을 전제로 끊임없이 마음을 비워야 합니다.

이때 특히 중요한 것이 바로 "누구는 이렇게 해서 성공했다더라." 하는 말입니다. 이 말이 바로 "세상 사람들이 모두 좋다고 하는 것을 좋은 것으로 알면 이는 좋지 않다(皆知善之爲善 斯不善已)."고 한 것입니다. 뿌리치기 힘든 유혹입니다. 여기서 비롯한 게 바로 미투(me-too) 전략입니다.

"야, 저거면 된다더라!"

이 미투 전략은 많은 기업이 알게 모르게 끊임없이 계속하고 있는 것입니다. 그런데 이제는 상황이 완전히 달라졌습니다. 어마어마한 공급과잉의 시대이고 초경쟁 시대입니다. 이제 남을 따라하는 것은 곧 죽음입니다. 그래서 더더욱 허기심 전략이 중요한 것이지요.

이렇게 마음을 비워서 8시 뉴스가 정말 잘 됐습니다. 방송국은 물론이고 시청자도 만족해했지요. 선택의 폭이 넓어졌으니까요. 시청률도 꾸준히 잘 나왔습니다.

현자를 떠받들지 말지어니

그런데 SBS 사람들에게 딴 마음이 생기기 시작했습니다. 어떤 마음이었을까요?

"이제 우리 9시로 가자!"

어느 날 SBS 방송을 보는데 갑자기 안내방송이 나오는 겁니다. 이걸 전문용어로 스테이션 브레이크(Station Break)라고 하던가요? 내용은 이랬습니다.

국민 여러분 기뻐하십시오. 이제 드디어 SBS 8시 뉴스가 9시로 올라갑니다.

깜짝 놀랐습니다. 그와 동시에 이게 왜 국민이 기뻐해야 할 일이지? 하는 생각이 들었습니다. 한 달 동안 안내방송을 하더니 진짜로 9시로 짠, 하고 올라가더군요. 왜 그랬을까요? 왜 잘 나가던 8시 뉴스를 9시로 옮겼을까요? 앞에서 이야기한 아시아나항공과 똑같은 상황이 벌어진 겁니다. 아시아나 임원들 대부분이 대한항공 출신이었듯이, SBS도 신생 방송국이니까 거의 모든 임원들이 KBS, MBC 출신이었습니다. 이 사람들이 가지고 있는 고정관념이 뭘까요?

TV 뉴스의 본류는 9시 뉴스다.

어렵게 마음을 비우고 새로운 먹을거리를 찾았는데, 고정관념이 무엇을 건드린 걸까요? 의지! 약하게 만들어 놓았던 9시 뉴스에 대한 의지를 다시 강하게 만든 겁니다. 고정관념은 버린다고 버려지는 것이 아닙니다. 한 번 만들어진 고정관념은 잘 없어지지 않습니다. 비워도 비워도 그 자리에 남아 있습니다. 조금만 방심해도 고정관념은 다시 고개를 쳐듭니다.

왜 그럴까요? 지금 잘되고 있으니까, 배가 부르니까 그렇습니다. 세상 모든 문제의 중심에는 반드시 이놈의 고정관념이 있습니다. 여러분도 그렇지만 특히 경영자, 마케터가 가장 경계해야 할 적이 바로 자기 자신이 가지고 있는 고정관념입니다. 이 고정관념이 나와 내 회사를 망하게 만듭니다.

SBS 8시 뉴스를 열심히 만들어가면서도 마음 한 구석엔 뭐가 있었을까요? 언젠간 올라갈 것이라는 마음이 여전히 있었을 겁니다. 이렇게 1년이 지난 후 보도본부 사람들이 모두 모여서 회의를 하고 결정했겠지요. 이제 때가 되었다! 그런데 이분들이 그냥 올라갔을까요? 욕은 충만하나 잘될 것이라는 믿음은 부족했습니다. 미래를 그 누가 알겠습니까? 이럴 때 사람들이 보통 어떤 방법을 쓰냐면 다른 사람들에게 물어봅니다. 특히 업계의 덕망 있는 사람, 전문가들을 찾아갑니다. 이런 사람들이 노자가 《도덕경》 3장 첫 머리에서 말한 똑똑한 사람(賢)입니다.

"올라가는 게 좋을까요?"

그러면 그 똑똑한 사람들이 뭐라고 할 것 같나요? 그분들도 다 KBS, MBC 출신들인데요.

"그래, 잘 생각했어. 누가 뭐래도 방송 뉴스는 9시가 메인이지."

이렇게 얘기해 주니까 자신감이 생깁니다.

"그래 올라가자! 이게 옳은 길이다."

이것이 '똑똑한 사람을 높이 하는(尚賢)' 것이 갖는 위험입니다. 안다고 하는 사람들이 감히 무슨 행위를 하려고 할 때 발생하는 문제점이지요. 그래서 노자가 "똑똑한 사람을 높이 하지 마라(**不尚賢**불상현), 안다고 하는 자들이 감히 무슨 행위를 하지 못하게 하라(**使夫智者不敢爲也**사부지자불감위야)."라고 말한 겁니다. 놀랍지 않나요? 노자가 2,500년 전에 SBS 방송국에서 일어날 일들을 이미 예견하다니요.《도덕경》을 읽다가 이럴 땐 소름이 쫙 끼쳐요. 어쩌면 이렇게 정확하게 문제를 짚어낼 수 있을까요? 참 묘합니다.

8시 뉴스가 9시로 올라간 후 시청률이 얼마나 나왔을까요? 3~4퍼센트였습니다. 이 숫자의 의미는 보는 사람이 거의 없다는 뜻입니다. 민영방송국에서 그것도 프라임 타임에 시청률이 이렇게 나온다는 건 무엇을 의미하는 걸까요? 광고주가 하나둘씩 떨어져나간다는 겁니다.

보통 9시 뉴스에 들어가는 광고가 30개입니다. 1회 광고비가 지금은 더 비싸졌지만 당시에는 1,000만 원 정도 했습니다. 광고가 30개면 9시 뉴스 하나가 하루에 3억, 한 달에 90억, 6개월이면 540억 원을 벌게 됩니다. 광고주가 다 나간다면 6개월 동안 540억 원이 날아가는 것이지요. 기회비용으로 따져보면 1,000억 원이 넘는 손실이 생기는 겁니다. 자본금 500억짜리 회사가 이렇게 되면 망할 수도 있습니다. 큰일 났다고 연일 대책회의가 열렸지요.

문제의 본질을 알아야 해결책이 나올 텐데 이런 경우 문제의 본질이 금방 드러날까요? 대부분의 기업들이 이럴 때 현재 벌어지고 있는 상황을 가지고 문제점을 찾아냅니다. 시청률이 떨어지는 것은 지금 뉴스를 잘못 만들고 있기 때문이다, 앵커의 진행이 미숙하다, 뉴스의 질이 KBS나 MBC에 비해 떨어진다, 뭐 이런 식이지요. 그래서 항상 미봉책만 나옵니다. 하나 해결하면 또 하나가 터지고 여기에서 이 문제를 해결했다 싶으면 저기에서 또 다른 문제가 생깁니다. 보는 사람은 재미있지만 당사자들은 피가 마르는 일이지요. 아무튼 SBS는 8시 뉴스로 다시 내려가기로 잠정 결정을 하고 저를 찾아왔습니다.

"어떻게 하면 좋겠습니까?"

"무조건 내려가야죠!"

그랬더니 이분들이 자기들도 그렇게 결정했다고 하는데, 할 말을 못 하면서 머뭇거리는 겁니다. 사연을 들어보니 불과 몇 달 전에 "국민 여러분 기뻐하십시오" 하고 9시로 올라갔는데 그냥 내려오기가 면목이 없다는 겁니다. 그러면서 내려갈 때 내려가더라도 그전에 했던 8시 뉴스가 아니고 새로운 8시 뉴스로 보이는 방법이 없겠냐는 겁니다. 이분들에게는 두 가지가 필요했습니다. 하나는 내려올 명분이었고 다른 하나는 새로운 8시 뉴스를 만드는 방법이었습니다..

첫 번째 요구에 대한 제 대답은 이랬습니다.

"내려갈 명분은 필요하지 않습니다. 애당초 잘못 올라갔고 시청자도 그 점을 충분히 알고 있으니 그냥 내려오면 됩니다."

그런데 두 번째 요구, 8시 뉴스를 새롭게 정의해 주는 건 시청자와 내부 구성원 모두에게 매우 큰 의미가 있다고 생각했습니다. 시청자에게는 그동안 불분명했던 8시 뉴스의 존재 이유를 명확하게 알려주는 기회가 될 것이고, 내부 구성원에게는 9시로 올라가겠다는 욕이 다시는 재발되지 않도록 만드는 계기가 될 테니 말입니다.

무지무욕하게 하라

8시 뉴스를 새롭게 정의하자! 정확하게 말하면 8시 뉴스가 시작되기 전부터 가지고 있었던 본래의 존재 이유를 찾아주는 것이었습니다. 이젠 어떻게 해야 하는지 감이 오지요? 무명으로 돌아가서 SBS 뉴스를 다시 보는 겁니다. 이름이 있기 전부터 있었던 존재 이유를 찾는 것이지요.

그렇다면 앞에서 살펴본 《도덕경》 3장 첫 구절로 다시 돌아가 볼까요?

> **"똑똑한 사람을 높이 치지 않아야**
> 不尙賢불상현
> **백성들이 경쟁에 휘말리거나
> 다투지 않게 된다."**
> 使民不爭사민부쟁

똑똑한 사람들의 말을 받들지 말고 무명, 즉 존재 이유를
찾으라는 뜻입니다. 그리고 마지막에 이렇게 마무리합니다.

> **"항상 백성들로 하여금 무지무욕하게 하고,**
> 常使民無知無欲상사민무지무욕
> **저 지혜롭다고 하는 자들로 하여금
> 감히 무엇을 하려고 하지 못하게 한다.**
> 使夫知者不敢爲也사부지자불감위야
> **무위를 실천하면
> 다스려지지 않는 것이 없다."**
> 爲無爲위무위 則無不治矣즉무불치의

안다고 생각하면 그것이 항상 걸림돌이 됩니다. 안다는 건 곧 고정관념입니다. 고정관념에서 벗어나 무명 상태에서 존재 이유를 찾으려면, 결국 무지(無知)해야만 합니다.

그런데 어떻게 하면 무지할 수 있을까요? 무조건 모른다고 하면 될까요? 그건 아닐 겁니다. 노자도 이걸 잘 알고 있었습니다. 노자의 무지는 욕(欲)의 지(知)를 버리는 것을 뜻합니다. 앞서 마음을 비우면 그 자리에 새로운 생각이 채워진다고 했지요? 유무상생의 원리로요. 노자는 욕의 지를 없애면 자연스럽게 새로운 지가 생긴다고 말합니다. 노자가 즐겨 사용하는 말, 무지무욕(無知無欲)이 이런 의미입니다.

개인이든 회사든 문제가 생기면 끊임없이 초심으로 돌아가려고 합니다. 노자의 말로 하면 무명으로 돌아가서 존재 이유를 찾는 것입니다. 이런 사람, 이런 회사가 문제를 극복할 수 있는 건 분명합니다. 무위를 실천하면 다스려지지 않는 것이 없습니다.

다시 8시 뉴스로 돌아가보겠습니다. 9시에서 8시로 돌아갈 때 제일 필요한 게 무엇일까요? 8시 뉴스의 존재 이유! 처음부터 이것이 있었으면 모든 구성원이 상황을 밝게 이해했을 것이고, 애당초 9시로 올라가니 마니 하는 문제도 생기지 않았을 겁니다. 자, 또 강조합니다. 이름, 존재 이유, 고정관념, 이 세 가지는 절대 잊으면 안 됩니다. 이렇게 해서 제가 찾아준 SBS 8시 뉴스의 존재 이유가 바로 이것입니다.

SBS 8시 뉴스는 '1시간 빠른 뉴스'다

9시 뉴스에 대한 고정관념을 이용해서 거꾸로 8시 뉴스의 존재 이유를 뚜렷하게 만드는 겁니다. 아까도 이야기했지요? 고정관념은 없앤다고 없어지는 게 아니라고 말입니다. 이럴 때 유무상생의 원리를 사용하는 겁니다. 9시가 있음으로 8시가 있고 8시가 있음으로 9시가 있는 것이지요. 8시 뉴스가 없으면 9시 뉴스도 없는 겁니다. 1시간 빠른 뉴스라는 이름은 9시 뉴스의 존재를 기꺼이 인정하는 유무상생의 원리에서 나온 것입니다. 9시 뉴스가 본류라고? 오케이, 너 본류 해. 다만, 8시 뉴스는 9시 뉴스보다 한 시간 빠르기 때문에 빠른 뉴스를 원하는 시청자를 위하여 존재하는 거야!

이것이 중요합니다. 나를 위하여 존재하는 게 아니라 시청자를 위해서 존재하는 것이지요. 나의 존재 이유인데 나보다 남이 먼저입니다. 나를 이롭게 하는 것보다 남을 이롭게 하는 게 먼저인 것이지요. "무욕이면 묘함을 본다(故常無欲以觀其妙 고상무욕이관기묘, 《도덕경》 1장)."라는 말대로 했더니, 이렇게 멋지고, 세상에 하나밖에 없는 존재 이유를 만들 수 있었던 겁니다.

오늘부터
한국의 뉴스는
저녁8시, SBS에서 시작됩니다.

SBS뉴스
1시간 빠른 뉴스

고정관념은 없앤다고 없어지는 게 아니다.
이럴 땐 유무상생의 원리를 이용한다.
1시간 빠른 뉴스라는 이름은
9시 뉴스의 존재를 인정하는
유무상생의 원리에서 나온다.
1시간 먼저 뉴스를 보고 싶은 시청자를 위하는
세상에 하나밖에 없는 존재 이유다.

시청자들에게 9시 뉴스를 보지 말고 8시 뉴스를 보라는 것은 그야말로 하수의 생각입니다. 그러나 많은 마케팅 전략이 이렇게 만들어지고 있습니다. 대부분의 기업들이 "저 것 대신 이것 사세요."라고 합니다. "대한항공 대신 아시아나 타세요." 하는 것도 마찬가지입니다. 다들 그렇게 마케팅 하는 게 당연하다고 알고 있습니다. 왜 그럴까요?

이유는 간단합니다. 모두 서양의 사고법을 배우고 익혔기 때문입니다. 서양식 사고법의 기본은 배타성입니다. '너 죽고 나 살자'입니다. 여기엔 애당초 상생이 없습니다. 무조건 잘못됐다, 나쁘다는 말을 하는 게 아닙니다. 옳고 그름을 떠나 이런 배타적 사고법은 이제 수명이 다해간다는 겁니다.

8시 뉴스는 1시간 빠른 뉴스다.
아시아나항공은 아시아의 새로운 항공 사다.

이게 노자가 주장하는 부쟁의 전략입니다. 싸우지 않고 경쟁하지 않고 존재하는 전략이지요. 이 전략을 가지고 자신의 존재 이유를 만들면 남들과 싸우지 않고도 얼마든지 잘 살 수 있습니다. 이런 게 참된 승리, 참된 경쟁력 아닐까요? 새로운 생각은 부쟁의 전략에서 나옵니다.

물 처 럼
생 각 한 다

上善若水
水善 利萬物而不爭
處衆人之所惡

최고의 선은 물과 같다.
물은 만물을 이롭게 할 뿐 결코 다투지 않고
사람들이 싫어하는 곳에도 기꺼이 존재한다.

上善若水
水善 利萬物而不爭
處衆人之所惡

《도덕경》 8장

마지막은 상선약수(上善若水)에 대한 이야기입니다. 상선약수는《도덕경》8장에 나오는 말인데, 이 한 단어로 지금까지 이야기한 모든 내용을 압축할 수 있습니다.

사람들이 노자에게 묻습니다. "당신이 매일 이것도 선이 아니다, 저것도 선이 아니다, 하는데 그러면 도대체 선은 뭡니까?" 노자가 이렇게 말합니다.

최고의 선은 물과 같다.

> 내가 자연을 가만히 지켜보니
> 물의 존재방식이 거의 도에 가깝더라.
> 왜냐하면 물은 만물을 이롭게 하고,
> 다투지 않고,
> 사람들이 싫어하는 곳에도
> 기꺼이 존재하기 때문이다.

이것이 노자가 말하는 성공의 도입니다. 이렇게 생각하고 행동하면 최고의 선을 이룰 수 있다는 것이지요. 이제부터 그 세 가지 조건을 하나씩 얘기해 보겠습니다.

첫 번째 조건은 만물을 이롭게 하는 것입니다. 심지어 이윤을 추구하는 기업도 이렇게 해야 합니다. 자본주의에서 기업의 존재 이유는 이윤 추구인 게 당연해 보입니다. 그런데 노자는 그것은 틀렸다고 합니다.

> 우리의 목표는 세계 초일류기업이 되는 것입니다!

이러지 말라는 겁니다. 직원과 고객의 이익보다 기업을 키우고 돈을 버는 게 우선이라는 생각이 기업을 망하게 하는 지름길이라고 노자는 역설합니다.

"모름지기 기업은 고객과 직원에게 이익을 주기 위해 존재해야 한다. 경영 전략도 자신의 이익을 극대화하기 위해서 수립하는 것이 아니라 직원과 고객의 이익을 극대화하기 위해서 수립해야 한다. 그러면 돈을 번다."

에이, 이게 그냥 하는 말이지, 세상에 진짜 이렇게 하는 기업이 어디 있을까요? 하지만 노자의 제안을 받아들인 회사가 전 세계적으로 꽤 많습니다.

우리는 안전하고, 신선하고, 가치가 높은 식품을 중국 엄마들에게 제공합니다.

중국에서 요즘 한참 뜨고 있는 슈퍼스토어 회사인 '용후이(永輝)'의 존재 이유입니다. 2000년에 창업했는데 10년 만에 스토어 300개, 연 매출 50억 달러 규모로 성장했습니다. 연평균 성장률이 32퍼센트에 육박합니다.

돈을 아끼게 합니다.

전 세계 28개국에 점포 11,500개, 직원 230만 명, 연 매출 4,829억 달러(한화로 약 540조 원)인 월마트의 존재 이유입니다. 세계 초일류 유통회사가 되겠다는 게 아닙니다. 그냥 고객이 돈을 절약하게 도와주겠다는 겁니다. 지금도 '항상 낮은 가격, 매일 낮은 가격(Always lowest price, everyday low price)'을 제창하고 있습니다.

우리는 직관적이고 사용하기 쉬운 제품을 만듭니다.

애플의 존재 이유입니다. 뭔가 이상한 느낌이 들지 않나요? 대기업은 뭔가 거창한 존재 이유를 가지고 있어야 할 것 같은데 생각보다 왜소한 것 같지요? 그래서 제가 한번 찾아봤습니다. 우리나라 대기업은 어떤지 말입니다. 삼성전자도 만만치 않은 회사입니다. 연 매출이 200조 원이니까요. 그런데 이 회사의 미션이 뭔지 아시나요?

인간의 삶을 풍요롭게 하고 사회적 책임을 다하는 지속 가능한 미래에 공헌하는 혁신적인 기술, 제품, 그리고 디자인을 통해 미래 사회에 대한 영감 고취

이게 무슨 소리일까요? 저는 잘 모르겠습니다. 우리는 그동안 존재 이유를 잘못 이해하고 있었습니다. 이런 존재 이유로는 경쟁과잉의 시대에 절대 살아남을 수 없습니다. 돈을 먼저 벌겠다는 존재 이유로도 고객의 선택을 받을 수 없습니다.

사람들이 싫어하는 곳에 기꺼이 존재하라 ─

두 번째 조건은 사람들이 싫어하는 곳에 기꺼이 존재하는 것입니다. 물은 사람들이 싫어하는 곳에 있으려고 합니다. 좋아하는 곳에 있고 싶은 것은 인지상정인데, 사람과는 반대입니다. 많은 이들이 좋아하는 곳은 어디인가요?

돈이 있고 권력이 있는 곳(利)
높은 자리, 사람들이 우러러 보는 자리(高)
가능하면 쉬운 길, 쉽게 일할 수 있는 곳(易)
이왕이면 길고 오래 즐길 수 있는 곳, 대장이 될 수 있는 자리(長)

잡소리 말고 아름다운 풍악이 울리는 곳(音)
언제나 남보다 앞선 자리(前)

인간은 이런 곳을 좋아합니다. 가만히 보면 기업도 이런 곳에 있고 싶어 합니다. 대부분 기업의 존재 이유가 이런 곳을 염두에 두고 만들어졌습니다. 그러나 물은 기꺼이 사람들이 싫어하는 곳에 있습니다. 없고, 낮고, 어렵고, 짧고, 시끄럽고, 뒤처진 곳이지요. 물의 존재방식이 인간과는 아주 다르지요? 누가 애써서 싫은 곳으로 가겠습니까?

여기서 노자는 우리에게 놀라운 통찰을 보여줍니다. 남들 다 가는 그쪽으로 가지 말고 물처럼 반대쪽으로 가라는 겁니다. 나의 존재 이유, 브랜드의 존재 이유, 기업의 존재 이유를 사람들이 좋아하는 곳이 아닌 싫어하는 곳에서 찾아보라는 것이지요. 저는 노자의 뜻을 깨닫고 무릎을 치지 않을 수 없었습니다. 이것이야말로 새로운 생각을 하는 방법이었으니까요.

다른 사람들이 가지 않은 곳, 가기 싫어하는 곳에 네가 존재할 시장이 있다.
없고(無), 낮고(下), 어렵고(難), 짧고(短), 시끄럽고(聲), 뒤처진(後) 곳에서 너의 존재 이유를 찾아봐라.

정말 기가 막힌 아이디어입니다. 그리고 재미있는 것은 그곳은 경쟁이 없는 시장이라는 점입니다. 다른 사람들은 거들떠보지도 않는 곳이니까 말입니다. 부쟁(不爭)의 시장인 셈이지요. '바꿔주는 컴퓨터'로 기사회생했던 삼보컴퓨터 사례를 들어보겠습니다.

삼보컴퓨터는 우리나라 최초로 개인용 컴퓨터를 창업했습니다. 카이스트 연구원이었던 이용태 박사가 중심이 돼서 개인용 컴퓨터를 만들고 대중에게 팔아서 초기에 돈을 많이 벌었습니다. 그런데 얼마 안 가 삼성, LG, 대우 등 대기업이 개인용 PC 시장에 들어와 완전히 뒤로 밀려나고 말았습니다. 넘버원으로 출발했지만 꼴찌로 떨어져서 거의 회생이 어려운 지경에 이르렀을 때 저를 찾아왔습니다. 요구 사항은 간단했습니다. 판매 곡선을 조금이라도 플러스로 바꾸려고 판촉 아이디어를 냈는데, 그 아이디어로 프로모션 광고를 만들어 달라고 온 겁니다. 일단 어떤 아이디어인지 들어봤습니다.

3개월간 삼보컴퓨터를 구입하면 2년 후 새로운 마더보드로 교체해 주겠다.

마더보드 교체란 간단히 말해서 16비트 CPU를 32비트가 나오면 무료로 바꿔준다는 얘기였습니다. 매출이 점점 떨어지니까 어떻게든 팔아보겠다는 건데 그야말로 궁여지책, 고육지책으로 보였습니다.

이래서 될까? 하는 생각이 처음에 들었습니다. 설사 이 아이디어가 먹힌다 해도 그 다음이 더 걱정이었습니다. 3개월 장사하고 회사 문 닫을 것도 아닐 테니까요. 고민이 됐습니다. 이건 제대로 된 아이디어가 아니다, 보다 근본적인 대책이 필요하다는 생각을 했습니다. 그래서 이런 얘기를 했습니다.

"삼보컴퓨터라는 이름이 지금은 좀 밀리기는 했지만, 그래도 대한민국 개인용 컴퓨터의 시조 아닌가요? 늦기는 했지만 지금이라도 삼성이나 대우 같은 대기업과 차원이 다르다는 인식을 만들 필요가 있습니다. 지금 당장 몇 대 더 팔겠다고 프로모션 광고를 하느니 그 비용으로 삼보만의 차별화된 인식을 만들어주는 게 장기적으로 회사에 더 보탬이 되지 않을까요?"

이렇게 해서 처음 나온 아이디어가 삼성과 맞짱 뜨는 전략이었습니다. 당시 이런 마케팅 원칙이 있었습니다. '이왕이면 1등하고 싸워라. 그러면 적어도 2등을 차지한다. 이런 게 인식의 싸움이다.' 다음은 이 원칙대로 아이디어를 정리한 결과입니다.

삼보는 컴퓨터만 만드는 컴퓨터 전문기
업이다.
삼성은 냉장고, TV 등을 만드는 가전회
사다.
그러니 저들은 컴퓨터 전문가가 아니다.
컴퓨터는 전문가가 만들어야 한다.
오로지 컴퓨터, 삼보컴퓨터.

여러분 어떤가요? 이 아이디어가 효과가 있었을까요? 실
제로 우리는 이 아이디어를 가지고 광고 캠페인을 만들어서
프레젠테이션을 했습니다. 삼보의 경영진들도 매우 흡족하
게 우리의 제안을 받아들였습니다. 그런데 프레젠테이션이
끝나고 돌아가는 차 안에서 불현듯 '이게 옳은 건가?' 하는
생각이 들었습니다. 회사에 가자마자 이 아이디어들을 모두
찢어서 쓰레기통에 버렸습니다. 그리고 삼보 경영진에게 전
화를 했습니다.

"미안합니다. 제 생각이 너무 짧았습니다. 이런 쓰레기 같
은 광고는 절대 내보내면 안 됩니다. 우리에게 일주일만 시
간을 더 주십시오. 그러면 제대로 된 아이디어를 내보겠습

니다."

큰소리를 쳤지만 보통 어려운 과제가 아니었습니다. 무슨 수로 삼성 같은 대기업하고 싸워 이긴단 말인가요? 어떻게 하면 처음 삼보컴퓨터 자리로 돌아갈 수 있을까요? 머리를 쥐어뜯는데 《도덕경》이 눈에 들어왔습니다. 당시 제 책상 엔 세 권의 책이 항상 있었는데, 《성경》《도덕경》《법화경》 이었습니다. 그날도 그저 혹시나 하는 마음으로 《도덕경》을 펼쳤는데 다음 구절이 눈에 확 들어오는 겁니다.

사람들이 싫어하는 곳에 기꺼이 처하라.

'삼성 같은 대기업이 하기 싫어하는 일이 뭘까? 이미 1등 이고 잘 팔고 있는데 굳이 마더보드 바꿔주는 귀찮은 일을 왜 하겠어? 이런 일을 대기업들이 할 리가 없어. 절대 할 수 가 없는 일이야. 오케이!'

그 다음에 눈에 들어온 게 유무상생이었습니다. 있고 없 음이 따로 있는 게 아니라 동시에 있다, 그래 이거야! 하며 전혀 다른 아이디어를 만들었습니다.

세상에는 두 가지 컴퓨터가 있습니다.
바꿔주는 컴퓨터와 바꿔주지 않는 컴퓨터.
삼보컴퓨터는 언제나 최신 마더보드로
바꿔드립니다.
바꿔주는 컴퓨터, 삼보 체인지업.

이렇게 해서 삼보컴퓨터 체인지업 캠페인을 시작했는데, 상상도 못한 일이 벌어졌습니다. 캠페인을 시작한 지 6개월이 되던 그해 연말에 삼보의 시장점유율이 1등이 된 겁니다. 삼성, LG, 대우를 다 제쳤습니다. 바꿔주는 컴퓨터! 이건 정말 빅(BIG) 아이디어였습니다. 저는 이후에 이런 제안을 했습니다.

"이 아이디어를 발전시켜서 앞으로 삼보컴퓨터는 고객이 원하는 맞춤형 PC를 제공하는 회사가 되십시오."

삼보가 이 아이디어를 끝까지 발전시켰다면, 맞춤형 PC의 1등으로 건재했을 겁니다. 아쉽게도 삼보는 그전에 하던 식으로 돌아가고 말았습니다.

우리 컴퓨터가 더 빠르다.
더 좋다.
디자인도 더 좋다.

우리가 원조다.

존재 이유를 바꾸자 삼보컴퓨터는 망했습니다. 2005년 법정관리를 신청하고 2010년에 채권단이 워크아웃을 신청했습니다. 2012년에 경영이 정상화되었지만, 이전의 명성을 회복하지 못하고 있습니다. 삼보컴퓨터의 사례는 해피엔딩이 아니어서 안타깝지만, 노자의 가르침을 두루 적용한 사례여서 복기해 볼 만하다고 생각합니다.

유무상생! 컴퓨터 시장에 '바꿔주는 컴퓨터'와 '바꿔주지 않는 컴퓨터'가 동시에 존재한다는 통찰에서 출발한 전략이었습니다. '바꿔주는 컴퓨터' 때문에 '바꿔주지 않는 컴퓨터'가 망하고 없어지나요? 아닙니다. 이 둘은 서로 싸우지 않습니다. 부쟁입니다. 공존하면서 서로 살 수 있도록 도와주는 관계입니다. 유무상생의 원리입니다.

삼보컴퓨터가 시장점유율을 탈환할 수 있었던 이유는 자신의 존재 이유를 처음부터 대기업이 싫어하는 곳에서 찾았기 때문입니다. 바꿔주는 건 대기업이 하기 싫어하는 일입니다. 그래서 삼보컴퓨터는 상대가 싫어하는 곳에 기꺼이 존재하는 전략을 세웠던 것이지요. '나'를 위해서가 아니라 '남'을 위해서 바꿔주는 컴퓨터가 되기로 했습니다. 만물을 이롭게 하는 존재 이유를 찾은 겁니다. 새로운 기회는 사

삼보컴퓨터는 자신의 존재 이유를 대기업이 싫어하는 곳에서 찾았다. 바꿔주는 건 대기업이 하기 싫어하는 일이다. 상대가 싫어하는 곳에 기꺼이 존재하는 전략, 삼보컴퓨터의 성공 전략이다.

새로운 기회는 남들이 하기 싫어하고, 어렵다고 안 하고, 불가능하다고만 하는 곳에 있다.

람들이 하기 싫어하거나, 어렵다고 안 하거나, 불가능하다고 이야기하는 곳에 있습니다. 그곳에서 자신만의 존재 이유를 찾아보세요.

마지막으로 세 번째 조건은 부쟁, 결코 다투지 마라는 것입니다. 인간의 싸움과 전쟁은 모두 자신의 이익을 지키거나 더하기 위해 일어납니다. 노자는 자신의 이익을 위해 싸우는 것을 쟁(爭)이란 이름으로 정의했습니다. 이런 싸움은 무의미하니 절대 하지 말라는 것이지요. 이것이 부쟁의 의미입니다.

개인이든 기업이든 지금은 초경쟁시대에 돌입했다고 합니다. 이런 경쟁에서 이기기 위해 싸우면 공멸합니다. 차별화도 이런 싸움의 한 방법일 뿐입니다. 자신의 이익을 위해서 싸우는 것은 더 이상 의미가 없습니다.

그러면 어떻게 하란 말일까요? 경쟁하지 않는 것이 최고의 전략입니다. 물처럼 자신만의 길을 가라는 것이지요. 나만의 존재 이유를 만들라는 겁니다. 싸우지 않으나 올바로 이기는 부쟁의 전략이 실제로 있을까요? SK텔레콤 사례로 이야기해 드리겠습니다.

우리나라 이동통신시장 초창기 때였습니다. 그래 봐야 20년 전 이야기입니다. 이동통신시장은 크게 두 가지 시장으로 구성됩니다. 통신서비스 시장과 단말기 시장입니다. 당시 통신서비스 시장은 한국이동통신, 지금의 SK텔레콤이 주도하고 있었고, 단말기 시장은 모토로라가 주도권을 가지고 있다가 삼성의 애니콜에게 1등의 자리를 내어주는 양상을 보이고 있었습니다. 삼성전자 애니콜은 국산 단말기라는 약점을 오히려 장점으로 바꾸는 전략을 사용했고 주효했습니다. '한국 지형에 강하다'는 메시지가 엄청난 효과를 발휘했거든요. 이때 만들어진 힘이 지금의 갤럭시 신화를 만드는 밑거름이 된 것 같습니다.

이때 통신서비스 시장에도 경쟁자가 나타났습니다. 포스코 등의 대기업이 연합하여 출범한 '신세기 통신' 017이었습니다. 017이 내세운 한마디는 '젊은 이동전화'였습니다. 고객의 반응은 기대 이상이었습니다. '젊은 이동전화'와 '늙은 이동전화'라는 두 가지 '인식의 범주'가 만들어졌습니다.

017은 6개월도 안 되어 시장점유율을 15퍼센트나 가져갔습니다.

곧이어 019 등 새로운 이동통신 서비스들도 출시될 예정이어서 011은 수성에 전전긍긍할 수밖에 없었습니다. 이때 011이 취한 전략은 신생 경쟁자와 비교우위를 극대화하는 것이었습니다. 017 등 새로 설립한 이동통신회사는 기지국을 전국 곳곳에 세워나가는 과정이었기 때문에 불통 지역이 많을 수밖에 없었지요. 그래서 011은 경쟁자의 약점을 극대화시켜서 새로운 이동통신 서비스로 바꾸려는 고객의 마음을 되돌리는 전략을 취했습니다. 이때 나온 011광고의 핵심 메시지는 '전국 통화는 011뿐!'이었습니다.

011은 광고비를 포함한 마케팅 비용을 017의 두 배 이상 쏟아부었습니다. 1년 가까이 전쟁을 벌인 결과, 017은 시장점유율을 30퍼센트 가까이 확보했습니다. 한마디로 017의 승리, 011의 패배였지요. 011의 고객은 예상보다 빠른 속도로 빠져나가고 있었습니다. 게다가 새로운 이동통신 019가 출시되면 011의 미래는 더 참담하다는 불안감이 한국이동통신 기업 내부에 감돌고 있었습니다.

이때 011에서 저를 찾아왔습니다. 경쟁 프레젠테이션을 통해 새로운 광고회사를 선정하려 하니 참가해 달라는 요청이었습니다. 저는 흔쾌히 수락했습니다. 다른 광고회사들과 경쟁하라는 것이 마음에 들진 않았지만 이 프로젝트의 역사적 의미에 흥미를 느꼈습니다. 우리나라에서 이동통신 시장이 새롭게 열리는 시점이었기 때문입니다. 뭐든지 시작을 함께 한다는 것은 역사적 의미가 있으니까요.

"우리가 역사를 만들어보자!"

20명 규모로 프로젝트 팀을 꾸렸습니다. 어떻게 하면 무너져가고 있는 011의 나라를 다시 일으킬 수 있을까요? 이 글을 읽는 여러분도 지금까지 노자의 가르침을 익혀왔으니, 이제 전략적으로 큰 그림을 그릴 수 있을 것이라 믿습니다.

"어떻게 하지?"

이때 가장 먼저 떠오르는 생각이 무엇이어야 할까요?

부쟁!

저는 이 단어가 항상 여러분의 머릿속에 가장 먼저 떠오르면 좋겠습니다. 나라든, 기업이든, 개인이든, 노자의 관점은 오로지 하나, '부쟁'이니까요.

017과 싸우면 답이 없다.
무조건 싸우지 않고 이기는 방법을 찾아야 한다.

싸우지 않고 이기려면 어떻게 해야 할까요? 가장 먼저 '나는 누구인가? 나는 왜 존재하는가?'라는 질문을 하는 겁니다. 이 질문은 나를 비교의 대상이 아니라 꼭 필요한 절대적인 존재로 인식시키고 누구와도 싸울 필요가 없는 근거를 만들기 때문입니다. 즉 더 나음, 다름이 아닌 나다움을 찾는 겁니다. 이것은 진짜 중요한 이야기입니다! 그때 우리가 찾은 011의 존재 이유는 이것이었습니다.

011은 고객이 언제 어디서 어떤 상황에 있더라도 자신이 원하는 사람과 커뮤니케이션할 수 있도록, 고객에게 무선통신 서비스를 제공한다.

존재 이유가 정의되면 그 다음에 할 일은 고객이 금방 이해할 수 있는 쉽고 간단한 말로 존재 이유를 알리는 겁니다. '별명'을 만드는 작업이지요. 눈에 보이지 않는 상품의 별명을 만드는 일은 훨씬 어려웠습니다. 광고 전문가 20명이 한 달 이상 낮밤 없이 고민했지만 좀처럼 괜찮은 아이디어가 나오지 않았습니다.

그러나 아이디어는 가끔씩 전혀 뜻밖의 상황에서 튀어나올 때가 많습니다. 토요일 오후에 사전 예고 없이 이강우 선배의 사무실에 갔을 때였습니다. 마침 막 퇴근하려던 선배가 나를 쳐다보며 한 마디 쏘아 붙이는 겁니다.

"허, 사람 참! 당신은 어째 시도 때도 없이 찾아오나?"

그 순간 저는 문고리를 잡고 얼어붙은 듯한 느낌을 받았습니다.

"선배님, 지금 뭐라고 하셨죠?"

"시도 때도 없이 나타난다고 그랬다. 왜?"

그래! 이것이다! 때와 장소를 가리지 않는다! 011은 때와 장소를 가리지 않는 거다! 그 순간 저는 유레카를 외쳤습니다. 011의 별명은 그렇게 만들어졌습니다. 때와 장소를 가리지 않는다는 말이 지난 수백 년 동안 011이라는 통신 서비스를 기다리고 있었던 겁니다. 더 이상의 설명이 필요 없었습니다. 듣는 즉시 무슨 얘기를 하는지 모두 다 알 수 있는 말이었으니까요.

011은 때와 장소를 가리지 않는다.

통신 서비스 상품에 이보다 적합한 별명은 없을 겁니다. 이 별명이 매력적인 또 다른 이유는 고객이 이 속담을 일상 생활에서 수시로 쓴다는 것이었습니다. '때와 장소를 가리지 않는다'는 말이 오갈 때마다 자동적으로 011을 떠올리게 되니, 이 별명의 효과는 가히 가늠할 수 없을 정도였지요. 매일 매순간 고객의 옆에서 돈 한 푼 안 들이고 광고가 보이는 셈이었으니까요.

싸우지 않고 이기려면
가장 먼저 존재 이유를 찾는다.
꼭 필요한 절대적인 존재로 인식시키는 근거,
즉 나다움을 찾는다.
그 다음에 쉽고 간단한 말로 존재 이유를 알린다.
듣는 즉시 무슨 얘기를 하는지
모두 다 알 수 있는 말,
별명을 만드는 작업이다.

생각이 바뀌면 말도 바뀐다

'때와 장소를 가리지 않는다'는 말은 쟁의 말이 아닙니다. 부쟁의 말입니다. 노자는 이런 말을 가리켜 믿음직한 말이라고 합니다. 《도덕경》마지막 장, 81장에 나오는 말입니다.

믿음직한 말은 아름답지 않고,
아름다운 말은 미덥지 않다.
信言不美신언불미 美言不信미언불신

224

때와 장소를 가리지 않는다는 말은 아름다운 말(미언)이 아닙니다. 믿음직한 말(신언)에 가깝습니다. 노자는 미언(美言)은 쟁의 언어이고 신언(信言)은 부쟁의 언어라고 했습니다. 좀 더 구체적으로 살펴보지요.

한때 011은 017과 격렬한 전쟁을 치렀습니다. 하루하루 고객이 무서운 속도로 017로 빠져나가고 있었지요. 급박하고 절박했습니다. 이때 전쟁을 치르고 있는 011의 장수가 듣고 싶은 말이 무엇이었을까요?

"017과 싸워 이길 수 있는 좋은 아이디어가 있습니다!"

이 말을 들은 장수는 바로 반문했습니다.

"그것이 무엇인가?"

"017의 약점을 고객에게 알려주는 겁니다. 현재 017은 전국 통화가 되지 않고 있으니 이 점을 적극 활용하면 됩니다. '전국통화는 011뿐이다. 다른 것은 전국 통화가 안 된다!' 이 얘기를 강력하게 전달하면 됩니다."

장수가 듣고 보니 그럴 듯하여 그렇게 하라고 했습니다. 그러나 011의 장수가 들은 말들은 미언입니다. 실제로 "전국통화는 011뿐!"이라는 광고가 이렇게 해서 만들어졌습니다. 고객의 마음을 움직이기 위해서가 아니라 경영자의 마음에 들기 위한 광고였지요. 이게 말이 된다고 생각하나요? 그렇지만 지금도 이렇게 광고하는 기업들이 수두룩합니다.

경영자가 듣고 싶어 하는 미언을 광고의 언어로 사용하는 기업들입니다. 쟁의 관점이 만든 기업들의 일그러진 모습이지요.

미언은 듣기 좋은 말, 듣고 싶은 말일 뿐입니다. 당연히 난국을 타개할 아이디어가 담긴 말이 아닙니다. 이런 미언은 싸움터를 더욱 치열한 싸움터로 만들 뿐이지요. 장수는 때때로 미언으로 포장된 말을 전략이라고 받아들이는 우를 범합니다. 미언을 받아들인 경영자는 결국 기업을 망하는 길로 이끌게 됩니다.

"번지르르한 말은 미덥지 않다(美言不信)!"

노자의 경고입니다. 경쟁의 아비규환에서 벗어나려면, 말도 미언에서 신언으로 바꾸어야 경쟁하지 않고 오래 기억되는 이름, 존재 이유를 만들 수 있습니다.

"사장님은 정말 현명하신 분입니다. 제가 지금까지 경험한 사장님들 중에 가장 탁월한 식견을 가졌습니다. 이런 선택을 하실 수 있는 경영자는 아마 세상에서 사장님이 유일할 것입니다. 이제 인생을 즐기며 사십시오. 그동안 너무 열정적으로 일하셨습니다. 이제는 누리면서 살아도 되지 않겠습니까? 그간 너무 낮은 곳에서 일하셨습니다."

이런 유의 말이 경영자가 매우 자주 듣는 미언입니다. 경영자는 매일 매시간 미언의 유혹에 노출되어 있습니다. 내가 듣고 싶은 말, 들으면 기분 좋은 말, 내 마음을 흔드는 말이지요. 나의 관점에 맞추어 만들어진 말들입니다. 그래서 미언이라고 한 겁니다. 경영자는 반드시 이런 미언을 사용하는 자를 경계해야 합니다.

광고의 언어도 마찬가지입니다. 언뜻 보면 고객에게 아름다운 미사여구를 사용해야 할 것 같은 생각이 듭니다. 예를 들면 이런 말입니다.

1등
원조
세계 최고
첨단 기술력
비교할 수 없는 품질

어떤가요? 매우 익숙하지 않나요? 이런 미언은 전문가들조차 거의 고정관념처럼 사용하고 있는 경우가 대부분입니다. 그러나 부쟁의 전략을 선택한다면 이런 미언은 사용하지 않아야 합니다.

부쟁의 전략으로 만든 광고는 지금까지 익숙했던 광고와 매우 다른 언어와 어법을 사용하리라 짐작할 수 있지요. 부쟁의 전략으로 만드는 광고에 사용되는 언어를 신언이라고 정의해 봅시다. 지금 우리가 매일 보고 있는 광고들은 신언을 얼마나 사용하고 있나요? 경쟁의 아비규환에서 벗어나려면, 경쟁하지 않고 이기는 전략을 취하는 노자의 관점으로 바꿔야 합니다. 광고의 언어도 미언에서 신언으로 바꾸면 타 브랜드와 경쟁하지 않고 고객의 머릿속에 오래 기억되는 브랜드가 될 겁니다.

새로운 생각을 하고 싶다면 현재 자신이 사용하고 있는 언어를 살펴봐야 합니다. 미언인지 신언인지 말입니다. 여기서부터 부쟁과 나다움이 시작됩니다.

결론은 부쟁이다

노자는 물처럼 생각하라고 했다. 나보다 남을 먼저 이롭게
하고, 남들이 하기 싫어하는 일과 불가능하다고 외면하는
일을 기꺼이 하고, 결코 경쟁하지 말라고 한 것이다. 우리는
자신의 존재 이유가 물의 존재 이유와 얼마나 가까운지 생
각해 봐야 한다. 나의 존재 이유가 만물을 이롭게 하고, 싸우
지 않고, 남들이 싫어하는 일도 기꺼이 할 수 있는 수선(水善)
과 얼마나 닮아 있는가? 이런 자가 세상의 리더가 되기에 손
색이 없는 자일 것이다.

"나의 존재 이유에 이타성(利他性)이 얼마나 있는가?"
"나는 남들과의 경쟁에서 이겨야만 내 꿈이 실현된다고 생각하고 있는가?"
"남들이 싫어하는 곳에 기꺼이 가야 하는 이유를 가슴으로 느끼고 있는가?"

이런 질문을 계속하다 보면 한 가지 깨달음이 올라온다. 내가 존재해야 할 이유의 출발점이 '나'인 줄 알았는데 이것이야말로 고정관념이었다는 점이다. 노자가 계속해서 우리에게 가르쳐주고자 했던 게 바로 이것이다. 내 존재 이유의 출발점이 내가 아니라 남이라는 것이다. 마찬가지로 브랜드의 존재 이유를 생각할 때 그 출발점은 내가 아니라 고객이어야 한다. 기업의 존재 이유 또한 그 출발점은 사장이 아니라 고객이고 직원인 것이다. 이것이 노자가 말하는 최고의 선, 물을 닮은 수선적 관점이다. 사람의 도는 무슨 일을 하든 다투지 않는 것이다. 노자가 궁극적으로 하려고 했던 말도 결국은 '부쟁'이다.

20년 전 회사를 만들었을 때 나는 노자의 말씀을 잘 듣지 못했다. 그때도 《도덕경》을 읽고 들었지만 시이불견(視而不見), 청이불문(聽而不聞)이었던 셈이다. 회사를 경영하면서도 여전히 제 잘난 맛에 살았다. 자견(自見), 자시(自是), 자벌(自伐), 자긍(自矜)을 당연하다고 생각했다. 겉으로 겸손한 척했을 뿐 속으로는 언제나 '이 맛에 창업하고 사장하는 거 아닌가?'라고 말하고 있었다.

안 되면 직원 탓 고객 탓, 잘 되면 내 탓! 유(有), 이(易), 고(高), 장(長), 음(音), 전(前), 이 여섯 가지 이름에 흠뻑 취해 있었다. 그러다 망했다. 망해본 후에야 경영자는 아무나 되는 게 아니라는 것을 깨달았다. 그러나 성공과 실패를 경험하며 내가 인생에서 배운 것이 세 가지가 있다. 이 세 가지는 모두 노자의《도덕경》을 통해 배운 것이기도 하다.

첫 번째는 부쟁(不爭)이다. 부쟁은 차별화를 넘어 나다움으로 가는 유일한 길이다. 기업이 쟁(爭)에서 부쟁으로 관점을 바꾸면 비로소 자신만의 존재 이유를 찾게 된다. 자신만의 존재 이유를 가진 기업만이 차별화를 넘어 나다움을 추구할 수 있다. 나다움은 싸우지 않고도 이길 수 있는 기업의 유일한 선승(善勝) 전략이다.

두 번째는 어미의 언어를 배우는 것이다. 신언불미(信言不美), 신언은 아름답지 않다. 그러나 미언(美言)은 기업을 망하게 하는 반면 신언(信言)은 기업을 흥하게 한다. 남자의 언어, 쟁의 언어인 미언에 더 이상 미련을 둘 필요가 없다. 어미의 언어이며 부쟁의 언어인 신언만이 나다움을 만들어주는 창조의 언어이다. 경영자와 구성원과 고객이 신언으로 소통할 때 비로소 브랜드와 기업은 나다움을 이루게 된다. 신언은 나다움을 만드는 기업의 새로운 언어이다.

세 번째는 수선(水善)이다. 인지도 위이부쟁(人之道 爲而不爭), 인간의 도(道)를 알았으니 나도 행(行)하려 한다는 말이다. 그래서 나 또한 이 말에 따라 수선적 소기업의 형태로 '마케팅 서당(書堂)'을 열기로 했다. 여기에는 두 가지 이유가 있다. 하나는 현장에 있는 후배들과 함께 부쟁의 전략을 좀 더 정교하게 다듬고 싶어서이고, 또 하나는 부쟁과 나다움의 전략을 원하는 기업들에게 힘이 되고 싶은 생각에서다. 특히 수선적 기업을 꿈꾸는 경영자들에게 물심양면으로 보탬이 되기를 바란다.

수선적 삶이 행하기 쉬운 일은 아닐 것이다. 그러나 학생들에게 난이상성(難易相成)을 가르친 자답게 어려움 속에서 쉬움을 찾으며 유무상생(有無相生)의 세상을 만들어볼 생각이다. 피갈(被褐)이면 어떻겠는가, 회옥(懷玉)이면 만족한다. 거친 옷을 입어도 옥을 품었다면 그것이 바로 행복이 아니겠는가?

정유년(丁酉年)에 나서 정유년에 책을 내다
이용찬